心理励志馆

先知先行

团购电话：010-81282844

怎样有逻辑地说服他人
思维引导术

李潜◎编著

光明日报出版社

图书在版编目（CIP）数据

怎样有逻辑地说服他人 / 李潜编著；— 北京：光明日报出版社，2013.10
ISBN 978-7-5112-5372-9

Ⅰ．①怎… Ⅱ．①李… Ⅲ．①说服－语言艺术－通俗读物 Ⅳ．①H019-49

中国版本图书馆 CIP 数据核字（2013）第 217442 号

怎样有逻辑地说服他人

著　　者：李　潜　编著

责任编辑：庄　宁　　　　　　　策　　划：李异鸣　高雅哲
封面设计：李彦生　　　　　　　责任校对：张　翀
责任印制：曹　诤

出版发行：光明日报出版社
地　　址：北京市东城区（原崇文区）珠市口东大街5号，100062
电　　话：010-67022197（咨询），67078870（发行），67078235（邮购）
传　　真：010-67078227，67078255
网　　址：http://book.gmw.cn
E－mail：gmcbs@gmw.cn　zhuangning@gmw.cn
法律顾问：北京市天驰洪范律师事务所

印　　刷：三河市中晟雅豪印务有限公司
装　　订：三河市中晟雅豪印务有限公司
本书如有破损、缺页、装订错误，请与本社联系调换

开　　本：720mm×1000mm　1 / 16
字　　数：150 千字　　　　　　　印　　张：14
版　　次：2013 年 11 月第 1 版　　印　　次：2013 年 11 月第 1 次印刷
书　　号：978-7-5112-5372-9

定　　价：32.00 元

CONTENTS
【目录】

赢家背后的秘密

第一章 ONE CHAPTER

1 我们都在被人操控？ / 002
2 无时无刻不在的思维操控 / 007
3 不按牌理出牌的赢家 / 011
4 贫富是怎样产生的 / 015
5 只需要1000次的练习 / 020
6 赢得世界后的好心态 / 023

因人而异的利诱法则

第二章 TWO CHAPTER

1 他人的需求是你的诱饵 / 028
2 假设的妙处——销售诱惑 / 033
3 相信时势造英雄 / 037
4 不要轻易地亮出底牌 / 042
5 不要过早给予满足 / 047
6 把梳子卖给和尚 / 052

利用心理状态推动行为

第三章
THREE CHAPTER

1. 读懂对方的心理 / 056
2. 主动搭建沟通的桥梁 / 058
3. 重视情感带来的效应 / 062
4. 以退为进靠近目标 / 066
5. 因事生谋 / 071

如何用逻辑去"骗人"

第四章
FOUR CHAPTER

1. 逻辑说服非同凡响的后果 / 076
2. 骗局与自圆其说 / 081
3. 信息来源和覆盖面 / 085
4. 经营自己的长处 / 089
5. 谨防在操纵他人中迷失 / 094

利用信念来说服

第五章
FIVE CHAPTER

1. 信念是力量的源泉 / 100
2. 最具有说服力的价值观——诚信 / 105
3. 有预谋地迎合某种观念 / 110
4. 附和策略攻破心防 / 115
5. 装糊涂的应对方法 / 119

让人笃信你的奥秘

第六章
SIX CHAPTER

1　提升说服力的有效途径 / 124
2　引领对方的思路 / 129
3　攻其致命的"要害" / 134
4　影响者与被影响者 / 138
5　突然反悔时的挽救 / 143

自主比对和个体完善

第七章
SEVEN CHAPTER

1　应对模糊表达的缺点推销术 / 148
2　寻找时机突破"瓶颈" / 153
3　任何时候都要相信自己 / 158
4　同质的比拼靠能耐取胜 / 163
5　采摘的目标是能采到的果实 / 166

传递巨大的价值能量

第八章
EIGHT CHAPTER

1　成功者的成功之道 / 170
2　欲成大事者必胆大心细 / 174
3　成败在第一个五分钟里 / 179
4　底线思维的利弊 / 183
5　分享带来的人气 / 187

第九章
NINE CHAPTER

训练1000天后魔力所带来的迥异人生

1　以空杯心态面对世界 / 192

2　博弈中的自然法则 / 197

3　每天花三分钟来练习 / 201

4　管理层的必学绝技 / 206

5　转变成为互惠模式 / 210

怎样有逻辑地说服他人

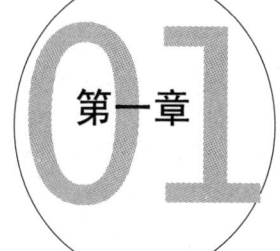

第一章

CHAPTER

赢家背后的秘密

1 我们都在被人操控？

读《麦田的守望者》时，我们不禁为里面的主人公霍尔顿·考尔菲德捏着一把汗。这位主人公总是搞不明白自己为什么一定要按照那些固有的规矩做事，因此表现出抵抗情绪，且积极地逃避现实。他的叛逆举动正好触动了我们的某根神经。当他第四次被要求退学后，他离家出走了。他是迷路的孩子，麦田里的守望者的职责是保护他，把像他这样冲向"悬崖边缘"的孩子抓住，让他们免受伤害，在界线以内尽情享受自由。

可以这样说，任何自由都是有条件的，相对的。我们的生活中事事都有规则，我们生活在规则制约下的有序生活中，企图违反规则会受到惩罚。而这些惩罚本身又是为了让我们的所作所为更加符合这些规范。

那么是谁订立了这些限制自由的规则呢？使得我们在反抗的同时又不得不被操控呢？是自然和人类智慧的造成的。

就整个宇宙而言，地球、太阳、月亮、星晨之间都存在着联系。正是因为存在这些联系，地球才得以日复一日运转，草木得以生发。小到生存法则，社会规则，为人处事规矩等等，人生活在世界上，总被大大小小的规则约束着。在既定的大大小小的规则里，人只是宇宙万物中微小的部分，我们不必去与某些规则抗衡，就像我们不必反对万有引力把苹果送到桌上。我们需要做的是：如何利用规则为自己服务，而非摆脱规则的操控。我们可以一边被人操控一边学习如何操控他人。

在人与人之间，操控者和被操控者往往是规则造成的。订立规则者必有超越常人的地方。他们可能在思维上高瞻远瞩，深刻了解对方。而在职场上，日常生活中，谈判桌上，我们所面对的新客户不会主动接受你的规则。想要赢得客户，就要将客户拉入这个规则中来。首先我们先要搞清楚对方与我们之间存在什么样的联系。

细读规则，深谙于心

苏秦第一次游说失败后，回来苦读姜太公的《阴符经》，苦读一年后，他的政见有了变化而后世有了"头悬梁，锥刺骨"的流传，其刻苦程度可见一斑。这次他调整了游说策略，改先说服弱小国家。这次他竟然说服了燕王给他提供经济来源。后来又说服了楚国和其他国家，成为六国的辅相。而历史上苏秦所谓的"合纵"，即联合六国来共同抵御秦国。假如秦国对任何一国用兵，其他五国一起出兵共同迎战秦国。结果合纵使得秦人恐惧，不敢窥兵于关中。使得"天下不交兵者二十有九年"。

苏秦改变策略的原因是：第一次游说失败的经历。任何人都有可能在利用规则的过程中失败，个中缘由可能是对规则的理解不透，对实事的分析不透造成的。

由此可见：读懂规则的人和不谙就里的人对事物的看法是不同的。苏秦苦读的前后对比说明深谙于心的人与不谙就里的人有着天壤之别。这种深刻的读与悟并非一朝之功，且读懂了还需要进行实地的实践。

所以，掌握规则需要细读并反复实践。谈到实践，从事销售行业的人都有类似的经验，无论老师讲得多么好，实地的操作和自己心理预期总是有差距的。既然是要将客户拉进你的规则中，你对规则已经深谙于心，就剩下实践了。是否能在与顾客短暂的交谈中迅速掌握对方性格上的优缺点，摸清对方底细这就是在考察你的观察力了。

锻炼观察力

乔·纳瓦罗是前美国联邦调查局探员，他拥有25年的侦查经验，能够在与陌生人见面交谈几分钟内了解别人，并从对方的行为举止看穿对方的心思。他认为，最有效的方法之一是进行"回想游戏"（recall game）。

很多人对生活的细节不太在意，这并不是粗心，而是习惯问题。我们发现有的人与其他人谈话的时候，即使对方只见过几面也能谈上半天，话题无非是几次碰面的服饰，地点，聊天的内容。而很多被认为贫乏没有话题的人，就是那些平素不留意生活细节的人。无论你是哪一种，都有可能通过"回想游戏"来改变自己。因为你可以在任意时间，任意地点进行回想。比如，当你离开朋友家后，闭上眼睛回想你进去的时候看到了什么。尽量详细地回忆：空间，家具，装饰，人物，大家在做什么等等。时间久了，你便能在进门时便对对方的环境有清楚的认识了。并且，练习需要更进一步，不要仅仅停留在对周遭环境的认识上，还要问问这些代表什么，有什么特殊意义？比如，客厅的衣帽架上放着一顶女士帽子，但是没有看到女主人。那么可以判断她在家或可能在其他房间。你这个判断的对错无所谓，重要的是你正在训练自己成为观察员。

环境的观察是必需的，那么与陌生人见面，如何捕捉对方的性格，心理等信号呢？

双脚的动作比脸部表情可靠

大多数人通过观察对方的面部表情来判断对方，而纳瓦罗却认为脸部表情可以装，应该先观察对方双脚的动作，因为很少有人知道如何伪装脚的动作。他认为当你与人谈话时，对方的双脚不是朝向你而是向别的方向，说明对方想尽快结束这场谈话。假如对方的双脚突然交叉，可能对方感到紧张或者受到威胁。而那些比较自信的人则习惯于坐下后身子向后移动，然后翘起脚。

行为的观察

尽量不要只观察刚开始碰面的几分钟，那样你得到的信息不够充足，而在谈话的中后段更能看出对方的真实意图。当对方触摸颈部或者拉拉项链的时候，意味着对方的话题变多，而情绪上也没有刚才稳定。假如对方将手放在腿上来回搓，说明对方内心比较紧张，借此来舒缓自己的情绪。

肢体语言

肢体是最容易透露人个性的，日本管理顾问武田哲男归纳出几种常见的习惯动作，供我们参考。他发现喜欢眨眼的人一般心胸比较狭窄，与他们交往最好直接说明自己的意图。而对于那些总是盯着人看的人，最好不要太热情或者开玩笑，因为他们是警戒心最强的一类。那些爱在谈话中逐渐提高音量的人性格非常随和，不拘小节，所以与他们沟通，最好是想办法与之套交情。有很多客户喜欢坐下来就翘脚，对待这类顾客要部署周密，因为他们大多都比较自信，是拍板的类型。双手习惯性环抱胸前的人行动力强，谨慎而习惯坚持己见。

可以这样说，操控人者均为掌握规则者。仔细观察，你一定能发现在你身边有很多善于操控他人的人，虽然他们也被世间普遍的法则所操控，但是总能在条条框框中游刃有余，我们不得不说，这才是智者。

2　无时无刻不在的思维操控

世界的每个角落每时每刻都在发生观念的改变，观念变化的方式不同，有些是刻意的，有些是无意的。诚然，对人毫无思想撞击的思维操控是不存在的。所以我们说，思维操控的过程是接受新东西的过程。真正意义上的思维操控是有系统方法的，是在对人进行观念的灌输，从而改变人原来的思想和态度。

现代社会里我们最常见的是隐性思维操控：无处不在的广告，宣传，电影，甚至报刊媒体也成为思维操控的工具。而生在其中的我们，不知不觉地变成了思维操控者和被操控者。有时，我们看到有人在微博上发表了一段言论，观点无比新奇而有趣。而当你接受了这个观点，你的思维其实已经被操控了。如此简单，而操控这件事情究竟是如何发生的呢？对象是谁呢？

我们在成长过程中，受到各种各样的教育，会逐渐形成一定的世界观和价值观。而思维操控，正是针对这些生活经验和价值体系进行的，目的就是消灭这些价值体系，建立有利于自己利益的价值体系，从而达到影响和控制别人的目的。

关于思维操控是怎么进行的，弗洛伊德曾指出，"意识就像是露在海面上的冰山顶端，在海面下，也就是在人的意识之外，还有潜意识的存在。潜意识就是那些我们努力想要忘掉的不愉快，不恰当，或者丑陋的想法或者冲动，它们通常不能被现实认知，在成长的过程中也得不到认同和满足。"我们每个人身上的弱点、欲望以及共鸣，同感等情绪，给施洗者的灌输打开了方便之门。直接摧毁一个人的价值体系基本是不可能的，只有通过撼动其中的短板来实现，这些弱点正是施洗者得以对我们实施思维操控的原因。

有位朋友是高知，独立性和行动力极强，作为记者在自我意识方面绝对是强悍的。但是最近他在买车过程中，思维被彻底改变了。

买车前他找了一位好友到处去看车展，琢磨车的性能，价格，回来还抱着一尺多高的各种车型的海报。朋友无比考究的作风，对车的精通都对他产生了很大的影响。一个多月过去了，车还没买到。原来刚入门的他看车时不是嫌车轴间距小了，就是觉得SUV比家庭用的气派，或者就是明明可以隔音效果更好的，却偏偏达不到他的要求。最后朋友的老婆受不了了："不就是买个车吗？怎么开始做研发了。"他才意识到，自己被改变了。

我们并非不容易被操控，仅仅是没有碰到适合的施洗对象。都说专注的人不容易被操控，有时候非常专注地做某件事反而会被操控。

被操控的人想要逆袭，就要心理始终保持清醒，知道自己在做什么。不要偏听某人的意见，而是多方征集意见。这样靠自己的判断也能分辨出思想是否已经发生改变。

思维操控的出发点多跟利益有关，抓住人的匮乏点，弱点进行。就拿当下最流行的星座说来看吧，下至10岁小孩上至40不惑的中年人，有几个不知道自己是什么星座的？如果有人不知道自己是什么星座的，似乎代表着他已经落伍了，他不是时尚体面的人。再者还有各种各样的保健保养观念，流传在大街小巷，轻易地席卷全球。人就像鱼生活在水里，时刻都在洗澡，而这水本身就有思维操控的作用。

被思维操控的人大脑结构并没有发生什么改变，只是对事物的认知和情感等感性因素发生了巨大的变化。被植入的新观念被脑细胞不断强化，持续刺激大脑皮层下的神经回路，来影响人的短期记忆。经过长时间的刺激，长时记忆也被控制了，从而改变了人的看法。当某种看法成为习惯性思维，思维操控就完成了。

哪些人容易被操控呢？

总是持怀疑态度的人

怀疑论者在很多事情上都有自己独到的意见，我们很少见到怀疑论者赞同什么。这样的人对异议最有抵抗力吗？非也。要知道怀疑论者在怀疑他人的同时，对自己也是持怀疑态度的。他们往往对自己的生活不满，从而产生了许多想法，因此对其他事物才有同样的异议。当施洗者将一种观点灌输给他，他会在极力反对的同时心里打鼓。如果对方不十分坚持，怀疑论者便以为对方无说教目的，也不会过分反对。这种看似目的不十分明确的交流方式，最适用于怀疑论者。

"梦想家"

我们所说的梦想家并非勇于探索的创造者，而是不切实际的人，满脑子总装着些不切实际的梦想。虽然梦想存于每个人的心中，但是渴望成功而又不付诸行动的人，是空怀梦想者，幻想有一天机会突然降临，自己就成功了。这样的人最容易被诱导，只要施洗者给予一个完美的蓝图，目的地是梦想者所期待的，他很快就会站到你的一边，并且会因为被激励而十分振奋。

依赖性强的人

依赖性强的人有个通病，就是不爱独立思考，总是习惯听别人的主张，受他人的影响。假设当下潮流年轻人喜欢高鼻梁的外型，依赖性强的人就会被流行风击中，自觉发现鼻梁高的好处。即使自己的脸上不适合高鼻梁，也会因为美容院的热情而失去自己的判断力。这类人是施洗者最好的猎物，基本不费吹灰之力就能搞定他们。只要将他们的视线引向你的目的地，他们就会说服自己跟上。

思维操控者和被操控者并非都是高手和意志力不强的人，只要你细心观察便会发现，一些被操控的人在某场合能变身为操控者。发生这种变化的原因，可能是被操控者掌握了一系列说服他人的方法。你想说服他人，一定要先说服自己。

3　不按牌理出牌的赢家

何为赢家？赢家何来？所谓赢家即胜出者，在每场竞赛中都有赢家。这些赢家有的具备雄厚的实力，有的有很好的机会，有的具备不错的人脉。但凡赢家，必有过人之处。赢家非常少，因为哪怕是大型比赛也只取前三名，而真正的赢家可能被锁定为在总决赛中获得桂冠的某几位大员。这些赢家分享经验的时候，无一例外说：都是勤学苦练造就的，要善于坚持，善于向别人学习等等，诸如此类。但是个中细节却是一般人无法领略到的。赢家心态在舍得之间，而凡人总是在害怕失去之间。有得才能谈舍，所以中国有句话：穷死也要站在富人堆里。

赢家的思维方式一定有很多与众不同的地方：不落窠臼，出奇制胜，值得学习的地方颇多。在我们眼里，粗心的人做不了科学家，但是粗心的牛顿偏偏是位著名的科学家，真正的冒险家往往是谨慎的人。这些创造人生奇迹的赢家们，真实的他们与我们眼中的他们截然不同。无一例外，这些赢家都是不按牌理出牌的家伙。所以，我们说"成功不可复制"。

美国人伯森汉姆是一位"蜘蛛人"，他于1993年徒手攀登上了纽约帝国大厦，创造了吉尼斯世界纪录。而最令人吃惊的是：这个了不起的"蜘蛛人"居然是恐高症患者。

美国有8万名恐高症患者,如果你让他们站在一楼的阳台上,他们都会心惊胆战。而这位了不起的"蜘蛛人"是如何克服恐高的心理障碍,顺利登上大厦的呢?

美国恐高症康复联席会主席诺曼斯,在拜访伯森汉姆的时候,巧遇另一位创造吉尼斯世纪记录的老太太——伯森汉姆94岁的曾祖母。她听说伯森汉姆创造了吉尼斯世界纪录,特意赶来庆祝。这位老太太竟然徒步走了一百多公里,创造了耄耋老人徒步行走百里世界记录。记者采访老人,问及路途是否有想放弃的念头?老人答道:"如果你知道要跑100公里,也许需要鼓足勇气。而向前走一步是不需要勇气的。"

诺曼斯在听完老太太的话后一下明白了,这祖孙两人之所以能创造吉尼斯世界纪录,皆因从那微不足道的一步,将最初的勇气,一直保存到底。如果人人都能够在所做的事中,不被整件事的难度吓倒,在每个环节中保留一点勇气,很多事情都能得到好的结果。

赢家的思维模式也千差万别,总体而言是一种思维决定行为,而这种行为逐渐成为一种习惯,习惯影响着人的性格,性格影响人的命运。

在这些环节中,造成成功的习惯是可以习得的。这部分是"成功可以复制"的部分。

在复制他人成功经验的时候,要弄清楚你的目标是否合理再行动。

目标是否合理,我们可以采用分解的方法进行判断。将大目标分解成几个小目标,集中精力完成每一个小目标。赢家不过是尽量完成每一个小目标,从而促使全局发生质的改变。目标不合理的情况,即使将大目标分解成小目标,在完成小目标时也会备受压力。这样容易导致对长远目标丧失信心。这便是不合理的目标。最佳状态是每完成一个目标还有余力,这样会产生一种得胜者的快感。

当我们确立目标,完成目标的过程中不得有任何借口退缩。

没有任何借口

借口是行动的天敌。人为什么会找各种借口?

当人们信心百倍地投入某件事中,事情本身一定是对他们有所裨益,即人们对某事有需求。而在做事的过程中,遭遇到了挫折,有的人会迎难而上,而有人会找借口退缩。没有人会愿意承认是自己能力有限而导致不能成功。人们会找诸如:这件事不像我们想的那么好,我身体不行体力跟不上,有人干扰等等,这些借口是用来给别人看的,为了掩饰自身能力不足是导致失败的真相,以挽回面子。同时,任何人都不愿意承认自己能力不行,于是我们的心里就会找出一个替罪羊疏导这种难过的感觉,使自己的内心不那么难受。

可以说任何借口都有着为自己开脱的一面,失败的痛苦因借口的存在而减轻。任何事都可以找到借口,而那些一事无成的人,是借口最多的人。

在自身条件确实无法完成大目标的情况下,我们可以调整目标,而不找借口。

这就涉及到一个修正目标的问题,会造成更多的负面影响,因此我们在行动前要严格遵守决策程序,大大降低了行动的危险。

倾听。无论何时,倾听都是一个好习惯,倾听他人的谈话能获得更多的信息。倾听他人的意见,能得到更多的启发。倾听时你能发现站在不同角度的人,有不同的需求、思想和习惯,这些都是我们行动的参考。

思考。任何决策行动都离不开缜密的思考，可以说思考是对信息的过滤。当信息充斥大脑，我们需要根据目标进行去粗取精、去伪存真的筛选。

评估。作为一个总结的方式，在你做出决定前对事件整体进行反思。给自己一个清晰的定位，评估尽量做到中肯，不要带有过多的个人喜好。当然，评估是以个人实力作为参照的，尽量要符合主体的要求。

通过倾听、思考、评估，我们的决定具备了一定的合理性，这是设立正确的目标所必需的。

赢家必有过人之处，想要复制成功，必先拥有正确的思路。正是一点点消化了这些可复制的部分，我们的认识才会上升到更高的层面。

4 贫富是怎样产生的

进入信息化时代，贫富的差距越来越大，这主要是思维方式造成的。人想要过富有的生活，就要先武装自己的脑袋。只有思想上真正富有了，才能远离贫穷。

有位动物学家做过一个试验，他将一群跳蚤放进一个有盖的玻璃杯里，再放进食物将杯子盖住。他发现跳蚤拼命向上跳，想跳出杯子，撞击杯盖声此起彼伏。30分钟后再观察跳蚤，发现跳蚤已经不再跳那么高了，很少有跳起来撞击到杯盖的了。难道是跳蚤跳累了吗？非也。动物都有本能，跳蚤跳得太高撞击几次后发现跳不出去而且撞得很痛，便不再跳那么高了。过了几天，即使你打开杯盖，也没有一只跳蚤能跳出来了。这个实验说明，人总是生活在一成不变的环境中，时间长了就会习惯，并丧失斗志，这就是"温水煮青蛙"效应。

把一只青蛙放入水中，它自由自在。然后逐渐加热，它也随着温度的上升而逐渐习惯了。直到加热的温度它受不了了，才想要跳出去，可惜它已经丧失了跳出去的好机会，于是被活活煮熟了。大多数人的生活都平淡无奇，刚开始虽然觉得乏味，但还能保持一丝斗志，时间久了，大家都稀松平常，每天等下班，每月等发薪，老了等退休。于是让这种生活把人固定住了，不想再跳出来。这种来自习惯的危险，在环境骤然改变的时候，会将人推进险境。当人习惯了这种环境，则会丧失斗志，碌碌无为。可见，安逸是一把双刃剑。

我们应该给自己一次跳出这个玻璃杯的机会，让自己的人生有一个突破。因此，改变自己的观念是当务之急。

观念决定一生

某银行为了拓展业务，在推出信用卡时做了一个广告：真正的财富不是口袋有多少钱，而是脑袋有多少东西。美国哈佛大学心理学巨匠威廉詹姆斯认为，进入21世纪，人类最大的发现就是：人们可以通过改变思维方式，来改变生活方式！那些拒绝学习，期待一夜暴富的人，终究会沦落成一无所有的人。另外，态度消极，总是不停抱怨的人，是最无能的人，也不会创造什么财富。而最可怕的是能力很差，适应能力也很差的人，他们没有办法把握机会，致使自己始终难以成功。

动物世界赤裸裸的弱肉强食，正是规则的直观电影。我们看看生活在非洲草原上的斑马、羚羊和狮子，天一亮，羚羊和斑马睁开眼睛做的第一件事就是跑。要在狮子来之前跑掉，要比狮子跑得快才能生存。而狮子呢？也同样，一睁开眼睛，它就要找食物，而只有比斑马和羚羊跑得快，才不会被饿死。

人类生活中同样处处是竞争，优胜劣汰的自然法则适合一切社会。面对动物世界，你应该同情谁？希望谁活下来？自然法则已经给出了最好的答案：强者生存！而为了更好地生存和发展，我们一定要比别人"跑"得快。这就是富人和穷人意识上真正的差距。

有这样一个智慧故事，有两位运动员正在玩，这时来了一只老虎。其中一位赶紧穿上鞋子，另一位讽刺说："老虎那么厉害，你穿鞋跑也没用。"他说："我并不是要穿上鞋和老虎赛跑，我只要跑过你就可以了！"自然的规则就是如此残酷，你跑不过别人，就会被老虎吃掉。

很多动物有水陆两栖的本领，是适应自然环境的生存要求。青蛙可以在水中生活，而当水干了，在陆地上依然能生存。但是鱼离开了水，就会死掉。在自然界里仅有一种本领，再精湛也有被淘汰的一天。

有个幽默故事讲得好：有一只老鼠被猫追急了，就不敢出洞去。有一天，老鼠在洞口听到狗的叫声，老鼠想，狗和猫是死敌，狗来了，猫一定早跑掉了。于是老鼠放心地出去觅食了。刚出洞口，就被猫捉住了。老鼠看着猫，一脸的疑惑："我明明听到狗叫，狗来了你肯定跑了，为什么你还在洞口？"猫大笑说，现在都21世纪了，不多学几种本领怎么能生存下去呀？"

转换思维角度，锻炼眼力

如果大环境好，那么做什么行业都能水涨船高。在大环境不好的情况下，谨慎蛰伏也是好办法。就像股市行情那样，大家都认为大环境好才能赚钱，但是行家却说，没有不赚钱的股票只有不赚钱的行情。看来，在任何情况下都有特例。对于营销行业来说，没有常态，顺应其变是最好的办法。很多机会你看到了，别人也看到了。真正的机会总在现象的背后，需要我们转换思维的角度，从你熟识的事物里发现新的机会。

世界首富彼尔·盖茨认为成功有三要素：

A：时机 B：眼光　C：立即付出巨大的行动

可见，眼光是多么重要。假设你是一名银行的信用卡推销员，应该采用什么方式，在什么地方能得到更多的客户，而通过怎样的沟通才能使其成为准客户呢？这是每位营销员的必修课。假设要在公司以外的地方进行营销活动，那么你会选择哪里呢？

经济条件比较好的地段是首选。在人气旺、人们衣着得体、人口素质高的地方设计营销点才能捕捉到更多的"猎物"。而如果你恰好在这样的地段，那么谁才是你应锁定的客户呢？

从走路的快慢和衣着来看，那些衣着得体，行步悠闲的人，大多并不是你的客户，而更有可能他们和你一样在等待客户的出现。

所以，我们脑海中首先要有个认识，哪些人是你的目标客户，他们一般会如何装扮，交谈时会如何说话，而我们的应对措施有哪些。有了准备才能打胜仗。

可以这样说，机会总是垂青那些有准备的人。而富人也许仅仅是更善于思考、更爱观察，更乐于行动。由此我们可以把人可分为三种：

A:不知道事情发生的人。

B:看着事情发生的人。

C:促使事情发生的人。

C有准备的人。当碰到机会，能够把握住，促使局面向有利于自己的一面发展。

另外，环境的影响不容忽视。我们要想办法找到一个适合自己发展的平台，从而积极投入进去。要有好的人际关系，人际贫穷难以获得财富。

即使你现在认识的人非常有限，也要尽量与人为善。关系网会随着工作阅历的增加而逐渐扩大。以善为名，人们便会帮你传播这种善，以恶为名人们会厌恶抛弃你。没有人能够独自成功。

  人要想改变命运当然不能靠别人给机会，机会是要自己去争取的。

5　只需要1000次的练习

美国心理学巨匠威廉·詹姆斯说过："种下一个行动，收获一种行为；种下一种行为，收获一种习惯；种下一种习惯，收获一种性格；种下一种性格，收获一种命运。"现在我们所有的习惯，都来源于某种行动，而不断地重复才使得它们变成了习惯。变成习惯以后，人们在做事的过程中，不自觉地就会表现出来。习惯的形成有的是无意识的，有的是通过锻炼而并非自然而然形成的。所以，人可以改变自己的习惯。当然，一个不好的习惯改正过来是非常难的，好习惯的养成也并非易事。

想要培养一个好习惯，我们得对习惯有一个重要的认识：即，它对你来说是否真的非常重要。当你意识到某种习惯对你而言非常重要的时候，才会有强烈的愿望进行持续不断的重复工作。并不是任何好习惯都适合你，有的习惯对你的人生非常有价值，但是与你的性情相悖，或者难以执行，都无法进行。就好像你认识到在人与人的沟通过程中，使用思维操控术能帮你出色地完成工作。但是你不善于观察，或者不愿意花功夫去领悟其中的奥妙，那么再多的重复也无济于事。

思维的操控是我们为了达成目标，而进行的一项不危害对方的行为，通过观察对方言行，拟定出一套说服对方的方案。通过几年的观察和积累，轻松看透对方心理，眼力达到炉火纯青的境界。那时，我们不必在腹中拟稿就可以轻松搞定对方。在日常的沟通，谈判或与顾客交流中，学会听重要信息，进行分析整理，由浅入深地进行训练。

由浅入深

为自己拟定一个可行的计划，如何做自己容易坚持下去，就按自己的方式先做。兴趣是坚持做下去的保障。所以开始的时候要尽量与客户进行简单的沟通。先习惯在与陌生人沟通的时候抓住对方言谈的有效信息，然后在心中反复琢磨信息的有效性和可靠性。对方为什么这么说，这些话传递的信息是否有效？开始训练的时候可以尽量放慢速度，给自己一些消化和聆听的空间。任何人都不喜欢听人不停地进行表达，滔滔不绝不但不会使你了解对方，反而使得对方感到厌烦，从而降低了谈话的质量。

你从谈话中得到了大量的信息，不可能立即得出结论。我们要进一步对收集到的信息进行分类，筛选有效信息，并且对它们进行深度解析。最后你得到了一个可靠的结论，我们可以据此来拟定说服顾客的方案。这是对顾客进行思维操控必须严格执行的程序。与陌生的谈话对象交谈时，如果对方对某产品感兴趣，却不了解产品，这个时候我们可以根据顾客感兴趣的产品预测一个顾客的购买意图，购买力。经过仔细判断后，如果对方可能成为客户，再对顾客进行类别分析。顾客通常有三种类型：果断，优柔寡断，不感兴趣。属于果断型你可以锁定1-2款尖端产品，给予可信度高的评价，并让对方认为是物超所值的。那么这类客户可能很快透露购买意图。透露出来的购买意图并非真正的购买决定。所以，要进一步进行诱导。诱导的原则依然是以观察为主，把握对方对产品兴趣的时机，进行简单的巩固比对。如果这时客户已经对你产生了信任感，只要你的介绍不出现对方认为要命的缺点，基本上就OK。

对优柔寡断的客户，尽量不要展示过多产品，在充分了解购买意图后，坚持推荐某款性价比最高的即可。

对无购买意图瓣客户礼貌性地透露产品获奖、优惠、促销方面的信息。

简化思维步骤，反复训练大脑，就能逐渐养成说话的逻辑。

循序渐进

在逐渐掌握谈话逻辑的情况下，不要一次进行过多的训练。思维的操控并非简单易事，需要时间进行消化，在短时间内多次的重复反而会搅乱你的思路。养成交谈的逻辑习惯以后，大脑会在无意识中自动处理谈话信息。

接下来，要静下心来，整理和深入分析它们。思维习惯是需要大量重复训练才能形成的。有专家统计，真正养成一种习惯至少需要重复1 000次。

那么这1 000次对我们来说，意味着要与几百位客户交谈，在交谈的过程中都要尽量做到位。

美国著名教育家曼恩说："习惯像一根缆绳，我们每天给它缠上一股新索，要不了多久，它就会变得牢不可破。"所以，尽量每天都去做这件事，在习惯的养成过程中每天都需要重复，所谓"拳不离手，曲不离口"就是这个道理。

6　赢得世界后的好心态

赢家有赢家的心态,大多掌握了思维操控术的人,对周围的世界有"一览众山小"的感觉。这种感觉得益于能短时间看透对方的思想,从而掌握主导地位,并引导对方走进自己设的"局"。而成为了处于优势地位的引导者,财富也会随之被吸引过来。这时候,你会发现,一切的努力都没有白费。

赢得世界很简单,但是要保持谦逊的心态,继续不断学习才能立于不败之地。在任何一个行业里人要获得好的发展就必须有好的心态,好的心态能帮助我们获得持久的人缘。

慈悲之心是首要的

即使你已能够看穿别人的思想,也不要沾沾自喜。人的智力不相上下,他人必有高明之处。就像年事高的人看透小儿心理,那是因为阅历充足;善于观察的人看透单纯的人的心理,那是因为对方对你没有设过多的防备之心。那些没有对我们设防的人,在某种程度上来说是信任我们的人。所以,无论是工作还是与人交往,都要以诚相待。任何人都有利益的需求,尊重他人的需求,而不抱有偏见。如果总是念着自己的利益,而置顾客的利益于不顾，那么在与顾客发生矛盾的时候，顾客一定会感到自己的利益被侵犯了，会不顾一切保护自己的利益。而销售人员过分看重利益，容易与顾客发生冲突。人的一生大约要工作30-40年，要求我们以平常心看待工作，不仅是出色地完成一次工作任务。我们的工作与生活息息相关，那些工作上交往的人，也可能成为我们的朋友，在中国，任何商业活动都是靠人脉来维持的。好的心态是成就大事所必需的，纵然你有再大的抱负，位高权重，但是心态不好，也很难举重若轻。

非凡的气度

凡是有非凡气度的人，必然有一颗慈悲的心。所谓气度就是指人的气魄和风度，是人心理素质的表现。可以这样说，气度是决定一个人成败的重要因素。人们可以通过提高自己的修养来提高自己的气度。当然，在职场上，我们碰到原则性问题的时候，气度的用场不大。在日常交往中最容易看清人的气度，尤其在两个陌生人谈话过程中，短时间内就已经见分晓了。我们常常说，一个不愿意做将军的士兵不是好士兵，隐含人一定要成为有将军气度之人的意思。

有非凡气度的人面对小的利益不为所动，而能从大局入手，通观全局，兼顾彼此的利益，这样的人往往在商业互动中不但达成了双方的目的，还能促进双方互动。

而这种气度生发于慈悲之心。先放下自我，真正去了解顾客的需求。只有这种心态，才能使得顾客在交谈中放松，才觉得自己才是上帝，自己有决定权。任何一个买家在与销售人员进行沟通的时候，都怀有防备之心，所以在最初的沟通中，是在试探与自己沟通的人是否有诚心，是否真的能够帮助自己。而打消顾客疑虑最好的办法，就是真正地全心为顾客着想。一个怀有慈悲之心的人,即使手上没有顾客想要的东西,谈话时顾客也会感到心里非常舒服。这是沟通的基础,并不是每个人都能做到。在竞争如此激烈的今天,人心难免浮躁,很多顾客都有这种经历:认为销售人员的谈话就是在销售东西,一分钟都不愿意多浪费,将顾客置于被动的境地。即使顾客签单了,心里也会非常不满意,这样我们就会失去长久的客源。所以,慈悲之心切忌急功近利。

自信力

自信力是成事的必备武器,只有你真正相信自己会成功,希望才有可能出现。可以说我们每天都在与不同的人打交道,你相信自己别人才会相信你说的话。我们面对陌生顾客同样如此,顾客在购买的时候往往是非常感性的,可以说选择大多不偏离:安全与合适。那么这样的产品在今天可以说随处可见。那么他们为什么最后购买了某款产品呢?除了这款产品的功用满足需求外,主要是销售人员给顾客带来的信心,使得顾客感觉这个产品是不错的,可以信赖的。所以,对产品的信心也决定了销售人员是否能在沟通中顺利获得顾客的信任。信任是销售的前提条件。如果顾客不懂,或者有的顾客对这方面有一些了解,而对产品提出挑剔的意见,这时不要急于解释。有的销售人员对产品非常有信心,急于对顾客说明,而将顾客的言论回击回去。这样顾客会感到不被尊重,即使你手中有一款非常好的产品,也因言语的冲犯而得不到顾客的青睐。

平常之心最重要

在营销行业里,无论职务高低,年龄大小,都要有一颗平常心。每天来来往往的顾客,真正购买的却没有多少。流失的顾客可以分成两类:对产品的需求明显高于或者低于销售人员现的产品，这是硬件的问题。而沟通不畅才是造成客户流失最主要的原因。第一次见面的顾客，可能只是想从沟通中获得某些信息，不要急于签单，这样会给顾客造成压力。通过思维操控的学习与训练，我们大致已经了解到，顾客如果是初次来洽谈，我们可以保留联系方式，对有意的顾客进行二次推荐。对于那些只是看而不言语的顾客，交易一般是很难达成的。从思维逻辑上来看，这类顾客是有很强的防备之心。他们是不愿意听从你推销某种产品的，他们更相信自己的眼睛。所以，不如以一颗平常之心，坦诚地告诉顾客："我只是想为您解说一下这个品牌，让您更快地了解它的优点。"那么顾客也就自然放下了防御的心理。

可以说，那些通过学习和训练熟练使思维和语言更有逻辑的人，大都抛弃了自己的功利心，得失心和自卑心理。他们走进了大众，变成了平常的一员，甚至有时候忘记了自己是个销售人员，而以一个服务者的姿态出现。当心态恢复平常，会把所有的技巧都忘记，反而能更好地和顾客进行沟通。从我们掌握的顾客信息中，高效而愉快地完成工作和交往。

怎样有逻辑地说服他人

第二章

CHAPTER

因人而异的利诱法则

1　他人的需求是你的诱饵

想钓鱼就问问鱼儿想吃什么——这是美国著名成功学大师戴尔·卡耐基的名言。卡耐基在他那本风靡世界的名著《人性的弱点》中写道："每年夏天，我都会去缅因州钓鱼。我个人非常喜欢草莓和奶油，但我发现鱼儿一点儿也不喜欢它们。鱼儿只喜欢小虫子。因此我钓鱼时，从不思考我自己想要什么，而是思考鱼儿想要什么。我不会在钓钩上挂上草莓和奶油，而是挂上一只小虫子或蚱蜢，垂到鱼儿面前，说：'你不想尝尝这个吗？'"

在卡耐基看来，钓鱼与"钓"人并无本质区别。如果你想让一个人改变工作方法，接受一种新思想，他不一定会听你的，任何人接受你的建议都是有条件的，每个人有一定的世界观和价值观，思维操控并非改变人的世界观与价值观，而是越过这个难题，直接攻心。所以无论你的建议如何好，他依然会认为自己的思想是最有价值的。你便可以采用利诱的办法。利诱有很多种，我们常见的是金钱利诱，职务利诱，当然还有营销人员常用的产品服务利诱。

从哪里入手呢？在价值利益层面，人与动物界存在同样的模式，基本的生存满足以后，才会上升到高层面的装饰的需求，然后才是价值感的需求。你要分清楚的是，你面对的对象，是处于哪个层面的人。如果是第一个层面，那很好办。渴望物质的满足占人群的80%以上。

我们来看一个简单的案例：人称"美国孔子"的大文学家爱默生也有类似的感悟。某年冬天，天空飘着大雪，爱默生家的一头小牛却跑出了牛棚，直到傍晚它也不肯回到牛棚里。爱默生担心小牛会冻死，便吩咐儿子把它拉回去。可儿子用尽浑身力气，也无法将小牛拉动分毫。爱默生只好上前帮忙。儿子在前面拉，爱默生在后面推，任凭二人使劲推拉，小牛依旧绷紧四条腿，顽固地坚守在那儿，一动不动。这时，爱默生家的女仆走了过来。她拿来一些干草，喂进小牛口中，小牛悠闲地嚼着草，女仆边喂边移动脚步，很快小牛便被引进了牛栏，剩下两个大男人站在那里目瞪口呆。女仆简单地使用了物质利诱原则，达到了事半功倍的效果。

那么对于那些不容易被"打动"的客户该如何下手呢？

不被打动的原因分析：

1. 此人对任何事物何时何地都不动心。
2. 你没有发现对方深层次的需求。
3. 你没有站在对方角度拓展这种需求。

世界上没有不动心的人，而仅仅是筹码是否值得人动心。在销售这个鱼龙混杂的职业里发生过一个奇迹，有几位营销员把梳子卖给了和尚。

第一位营销员向和尚推销梳子，和尚因为不需要梳头所以拒绝了。

而第二位发现了和尚的内在需求，即深层次需求，梳子可以用来疏通筋络，于是销掉了十把。

而第三位则站在和尚利益的角度，拓展了产品的功能，和尚可以把梳子卖给香客赚取到利润，于是买了百把。

第四位则将生意做成了一个链条，把梳子赠送给香客引来更多的香客，拓展了市场。市场永远都在，看你是否参透其中奥妙。

为吸引蜂蝶帮自己授粉，世界上每一种植物都会开出艳丽的花朵并免费提供花蜜。这些可怜的植物连基本的思想感情都没有，不过它们在冥冥之中遵循着大自然的基本法则：将欲取之，必先予之。换言之，想说服别人，你的言辞中必须包含有适合的"饵料"、"青草"或"花蜜"。

花蜜投得对不对，要看是否能够投其所好，才能以心换心

古代就有苏代投高都，换得公仲侈之心的事。那是在公元前300年，战国七雄中的楚、韩两国爆发了战争，双方在韩国的雍氏相持达5个月之久，韩国逐渐实力不济，为把战争支撑下去，韩国派人向邻近的西周索要兵器和粮食。早就风光不再的周天子十分苦恼，给也不是，不给也不是，便与大臣苏代商量。苏代说："这有什么可忧虑的呢？我不仅能为您解决这个难题，使韩国不再向西周调兵征粮，还能让您得到韩国的高都。"周天子听了很高兴，当下许愿说："要真是那样的话，我将把整个国家交给先生治理。"

于是苏代到了韩国，找到韩国相国公仲侈，进言道："我想您早就知道楚国的计划。当初，楚将昭应对楚怀王说：'韩国连年争战，国库空虚，兵困马乏，防守无力。给我一支队伍，不用一个月，就可以占领韩国。'如今楚国已经攻打了韩国5个月，可是连雍氏都没能攻下。韩国固然不轻松，楚国也已疲惫不堪，因此楚怀王开始怀疑昭应的话。而您现在竟然向西周调兵征粮，这不是明明在告诉楚国：韩国已经精疲力竭到了自身无力支撑的程度了吗？楚国听到后，一定会增兵，那样的话，至少雍氏就守不住了。"

公仲侈心头一凛，他有点儿着急地说："先生您分析得很有道理，可是我的使者已经派出去了！"

苏代说："那又有什么关系呢？你可以再派一名使者，把高都送给周天子啊！"

公仲侈生气了："先生你是不是搞错了？我不向他要兵器粮草就已经不错了，为什么还要白白将高都送给他？"

苏代笑了笑说："您别生气，我这完全是为您考虑。假如韩国把高都送给西周，那么西周一定会与韩国修好。而现在与西周修好的秦国知道后，必然会大为震怒，断绝两国往来。您看您只用一个残破的高都，就可以换一个完整的西周，何乐不为呢？"

公仲侈点点头说："好，就照你的意思办吧！"于是韩国不再向西周索要兵器和粮食，相反还把高都送给了西周，早就进退两难的楚国听到消息不久，便退兵而去。

成功的营销员就是"说客"，记住脸皮要厚

我们知道苏代是著名纵横家苏秦的弟弟，据说他们兄弟五人都擅长纵横之术、游说之辞。所谓游说，就是我们所说的劝说。有人说，纵横家是最无耻的一派，因为他们既不会对某一君主从一而忠，也无固定的政治主张，甚至没有价值标准和道德束缚，唯利唯官是图。这话大抵是事实，然而这并不妨碍我们"取其精华，弃其糟粕"——苏代能成功说服公仲侈，在于他一见面就站在对方的立场上想问题：向西周索要兵器和粮食对韩国没有好处，只有害处！对方认同后，他又进一步打着为韩国考虑的幌子，

为周天子谋得了高都之地。这是苏代的高明，但并不代表公仲侈就有多愚蠢。一来，韩国将高都送给西周后，韩、周两国至少在理论上就成了盟友，到那时韩国再向西周要兵要粮就不再是强索，而是西周应尽的义务了。二来，周天子再怎么落魄也是周天子，号召力虽低，但不至于为零。韩、周联手或许仍抵不住楚军的攻势，但善于坐山观虎斗的秦、齐等强国难保不会打着"勤王"的旗号出兵干预，从而令早已进退两难的楚国更加难受。当然最重要的还是那句"用一个残破的高都换一个完整的西周"（以敝高都得完周也），它的潜台词就是：相国您怎么想不明白，高都不过是暂时寄放在西周而已，将来整个西周还不都是韩国的盘中餐？

　　事成了，不费吹灰之力，只要把握住利诱的原则：不损人利己，而实现共赢，何乐而不为呢？

2　假设的妙处——销售诱惑

身在职场，总会碰到难题。为什么说沟通难、谈判难、营销难，因为这些都是人与人在进行心理"较量"。交际圈子里的高手必然是营销场上的强者，他们参透了人的心，才游刃有余的。

《汉杂事秘辛》是一部汉代古籍，书中记载了这样一件"杂事"：

公元147年，汉桓帝欲立大将军梁商的女儿梁女莹为皇后。为确保龙子龙孙的"优生"，成婚前，桓帝特派女官吴姈前去执行未来皇后的体检任务。

来到梁府，吴姈先是在梁小姐的闺房中仔细观察了她走路的姿态，见其步履轻盈，并无瘸、拐、跛和罗圈腿等现象，接着又大体察看了一下五官、眉宇、眼神、气质等。最后，吴姈关闭门窗，要求梁小姐脱去全部衣服，以便进行妇科检查。

即使在今天，体检也是女青年们最不愿面对的一关。而梁女莹身为封建时代的千金小姐，平日洗澡都不敢多看自己的玉体一眼，怎么可能在别人面前全裸出镜呢？

梁小姐宁死不脱。

吴浒说:"这是皇上的旨意!"梁小姐不理。

吴浒又说:"这是皇家选后的规矩!"梁小姐依然不睬。

吴浒不愧为女官,她轻轻说了一句:"恭请皇后遵照皇帝旨意和皇家规矩办事。"梁莹听到"皇后"两字,便忸忸怩怩地自己动手拉开上衣。但脱到肚兜时,再也不肯脱了。

无奈,吴浒只好一边连说:"皇后盛典期近,不能拖延,请皇后恕罪,请皇后恕罪……"一面走上前去,亲自动手。待一一检查完毕,才去皇帝那里复旨,大意类似现代医师在体检单上所写的"一切未见异常"云云。

是什么力量让初时不肯接受检查的梁小姐自己宽衣解带的呢?其实是受了"皇后"两个字的暗示——不脱衣服体检,怎么当皇后呢?劝也不行,吓也不成,利诱却奏效了。更妙的是,这种利诱只是个假设,是个空头支票,只有在梁小姐体检合格的情况下才有可能兑现。万一兑现不了,那也是梁小姐自己的问题。

故事中的女官吴浒,或许只是无意中的一句话,但却无巧不巧地暗合了说客祖师鬼谷子的纵横八术之一——钩钳术。所谓钩钳术,简单说来就是想办法诱导对方顺着自己的思路说话或办事。这表面上看与前面说过的"想钓鱼就问问鱼儿想吃什么"一节没什么区别,但实质上却大有不同,一个最基本的区分点就是前者往往有实质的鱼饵,而后者则往往是假设的鱼饵,用现在的话说就是"忽悠"。舞台上、历史上的"大忽悠"都不在少数,当今生活中也不乏其人。

这么说来,钩钳术不等于骗人吗?看用在哪里,谁来用。

越放松的心态越容易成功,营销是心智的竞赛,很多成功的销售人员和买主成了朋友。

比如中国人都知道的三国英雄刘备,其刚出场时不过是织席贩履的小贩一枚,空有满腔壮志,却只能在自由市场苦等机会。后来,刘关张三人不打不相识,高高兴兴地去张飞家喝酒。张飞和关羽说到慷慨激昂处,试图拉刘备一起投军,刘备却长叹一声,巧妙地拒绝了。他为什么要拒绝呢?很简单,不能让关羽和张飞进别的公司。所以刘备长叹一声说:

"目下正值乱世,乱世则必出英雄,像你二位这样的英雄,正值用武之时,何必非要屈身受制于他人?岂不闻时势造英雄,英雄亦适时耶。现今黄巾造反,天下响应,朝廷诏令各州郡自募乡勇守备,是因力不能及,兵匮将乏,且有宦党掣肘之故,然而如此一来,必将造成地方豪强割据之势,黄巾平定之日,必是群雄崛起之时。那时阗中竟为谁人之天下,还尚未可尽知也……"

说白了就是,找什么工作?咱们自己创业多好!弄好了咱们能垄断全国的经济!俗话说得好,有头发没人愿意做秃子,能自己当老板谁也不愿意打工。

刘备刚说完,关羽就抱拳说:"听君一席话,胜读十年书啊!佩服!佩服!"

张飞说的更痛快:"俺是个杀猪的,不知什么天下大势,你说吧,让俺怎么干?"……最终不仅套牢了关张,还套来了第一笔启动资金——张飞的家产,而他除了有一个堪称伟大的规划之外,啥都没出!

什么叫利诱?这就叫利诱。然而我们能说刘备是在忽悠吗?毕竟多年以后,人家忽悠出了一个帝国,关张也都被忽悠成了高管。

在生意场上,类似的策略被称之为"销售诱惑"。有人说,掌握了"销售诱惑",就可以掌握世界,这话不免夸张,但很多成功人士都非常善长运用这一说话技巧也是不争的事实。

从复杂的现象中找到其核心,对简单事进行直接的诱惑,美国钢铁大王安德鲁·卡耐基就是个中高手。

有一次,卡耐基的嫂子担心两个孩子生病,而两个就读于耶鲁大学的孩子却"忙"得连写信回家的时间都没有。母亲给他们写信,他们从来都不回。卡耐基得知后,就跟嫂子打赌说他不用在信上要求两个侄子回信,就可以让他们迅速回信,否则自己愿意输给嫂子100美元。嫂子不信,也没兴趣打赌,倒是一个邻居很不服气要跟卡耐基打赌。于是卡耐基写了一封纯属闲聊的信给两个侄子,并在信后附带着说,他随信寄给了他们每人5美元。事实上他并没有把钱附在信里。结果回信很快就来了,两个侄子在信中非常感谢"亲爱的安德鲁叔叔",不过他们最关心的问题还是——"为什么信里没有5美元?是不是丢了?"

现实就是这么残酷:即便亲如母子,有时也不如5美元!有人曾讽刺道,这就是人性的弱点。此话不假,但我们也应想到:与其总是在事情失败后讽刺某些人有弱点,为什么不学着利用其弱点,把对方说服,把事情做成呢?

3 相信时势造英雄

记得比尔·盖茨曾说过一句话:"不是每个行业赚的钱都一样多。"的确,每个行业性质不同,收益千差万别。假如比尔·盖茨没有选择电脑行业,那么他成为世界首富的几率就没有那么高了。借用古代的话来说,就是时势造英雄,英雄人物必须顺应时势才能成就丰功伟绩。苏秦认为"圣人创立事业,一定要凭借权变和顺应时势。"可想而知,顺应时势是多么重要。

我国古代神话中的舜虽是非常贤德之人,假如他没有遇到尧也不一定能成为天子。而历史上商汤与周武王虽生在乱世,揭竿而起,成就伟业。倘若生不逢时,未遇贤德的人扶助,也难成大业。我们作为现代社会的人,纵观当下时局,要弄清楚,哪些行业是"英雄辈出"而哪些行业正处于萧条。在择业的时候也要想清楚,这决定了未来你是否能在这个行业里有所成就。秦汉之际纵横家蒯通游说韩信背汉自立的时候,直言如上天赐予的良机你不接受,未来就会受到责难。时机到了却不行动,反而会遭殃就是这个道理。认清时势对把握时势非常重要。

审时度势

大多会审时度势的人，开始的时候并非是什么了不起的人物。人们也是在"行走"过程中觉悟，或者偶然被"大师"点化，遂开悟，开始"睁眼看世界"的。审时就是观察实际，度势即看清形势，预测发展趋势等。鬼谷子认为，人决策的时候要使自己的谋略与实际形势相吻合。那些正确的决策都是对过程和后果有周密考虑作出的，在考虑自己未来的发展方向时，思维一定要进行这种拓展。否则，只看眼前，也许你从事的行业会限制你的才华。

我们知道苏秦游说秦王失败，秦王没有接纳他合纵的策略。但是经过苦读钻研，一年后再游说其他六国，却非常顺利。个中有何缘由呢？

看看当时的实际情况：秦国在战国七雄中最为强大，所以秦王认为没有合纵的必要。而其他六国则不同，他们都面临秦国这个强敌而想自保。所以，形势所决定，秦国没有必要联合其他国家，反而会通过消灭他们来达成天下统一的局势。而其他六国面临灭亡的危机，只有联合起来抗秦才有生存的可能。游说并非只要口才好、谋略高就能制胜，时局是一个"硬件"，在任何时候都要审时度势。

在国内竞争激烈的电力市场，远东为了生存下去，审时度势，决定把第一大股东的位置让给中国华能集团公司，从而得到了华能等四大国企的支持。到了2002年，远东实力充足，便回购了国企部分股份，成为独立民企。如果在形势恶劣的情况下，不能顺应形势的需要，必然面临倒闭的危险。不如暂时"退一步海阔天空"。

在中国历史上，顺应时势做出决策制胜的例子屡见不鲜。当时刘邦与项羽争霸天下，而刘邦在彭城之战惨败，一路逃到了下邑，形势非常窘迫。后来，为了改变敌强我弱的逼人态势，刘邦采纳了张良的策略：拉拢英布，联络彭越，还任用了大将韩信，有了逆转局势的力量，被后人称为"下邑之谋"。最后，打败项羽。

可以看出，不同的思维方式产生不同的结果。审时度势就是这种思维产生的根源。

顺应时势

审时度势并非古人的独到智慧，现代生活中不乏审时度势的英才。在竞争激烈的今天，选择什么行业，选择合作伙伴，甚至小到选择客户，都需要我们具备这样的眼光，逆形势而行的人成不了大器。在工作中不能因势利导就会错失机会。

郭芳枫先生是新加坡华裔商人，在50年的创业生涯中，他总能稳稳把握住时代的脉搏，成就了一代传奇。二战结束后，郭芳枫判断物质必定会出现短缺。饱受战火的地区人们开始重建家园，这势必需要大量的物资。而新加坡是一个贸易港口，运送货物的船只必须经过这里。郭芳枫认为如果在这里收购各国的战争剩余物品，等到重建时各国的船只出来采购，就可以卖给他们。他联络了自己的兄弟投入到这个生意中来，收购了大量战争剩余物品。几年后，果然如他所料，五金、建材、轮船配件等用品非常紧俏，他从中赚取到了巨大的利润。

从这次生意中他总结经验，将视野拓展到各国的经济复苏上。他认为战后重建会带来经济的大发展，那时地皮、建筑材料一定会成为大家竞相购买的东西。于是，他又把视野转移到了房地产及建筑材料上。

果然在他购进一批"有发展前途"的地皮后，地皮的价格年年攀升。继而，他又做起了和建筑相关的水泥生意，这些产品成了新加坡的畅销货，财源广进，他创立的丰隆集团也因此而闻名于世。

无论是工作与创业，形势对人的影响不可低估。不要低头走路，忘记抬头看路。路是否走得好、走得远、走得通，那都要看方向，跑错了方向，再认真地行走都不会到达目的地。所以，对个人来说，行业的选择是最重要的事。二十几岁的年轻人，如果想要创业，怎样选择行业，选择什么样的行业，成功的可能性才更大呢？我们可以从自己的专长开始推理，一层层向外摸索，直到与世界接轨为止。这是波浪形思维模式，一层层向外拓展，最终了解到我们最终能触及，能抵达的地方。

三思后行，有的放矢

每个工作都受到行业的限制，而每一种行业都有它的生命周期：诞生期、生长期、盛期和衰退期。我们在选择一个顾客的时候，要分析这个顾客的背景，发展情况，教育程度，与我们有什么共同的话题等等。我们不仅要了解在你面前的客户，更要预测到他的喜好。选择客户要选择那些有购买力的，即使现在没有购买的意向，因为有购买力的客户不一定现在就会购买，但是他们存在购买的潜力。

无论是否会下棋，我们对"一着不慎，满盘皆输"都是心有余悸的。就像一个人，刻苦地读书，最后考了一个不适合自己的专业。就像一对相恋8年的恋人结婚了，才发现对方其实不适合自己。最后买单的还是自己，你付出的时间、精力、情感都是收不回来的。为了避免盲目地投入，要先确立目标。盲目地投入会让有梦想的人失去信心，激情泯灭。虽然我们不能保证自己做的决定每次都很英明,但至少你所选择的是正确的。面对一个无购买能力,也无购买欲的顾客,花费过多的时间,拉长说服他的战线,最后失败的是你自己。所以,一个销售人员不能在"人场"拥有过多这样的未知、不确定资源。我们应当从一开始就知道自己该做什么,如何做。该找谁?怎么去找。锁定目标,缩小范围。在大形势好的情况下,做有力的说服工作。

我们不是万能蜘蛛,我们的精力总是有限的。因此,那些懂得审时度势,因势利导的人,能在形势变好时凭借自己的实力做开。

4 不要轻易地亮出底牌

《鬼谷子》一书中说"摩者,揣之术也。"古代善于揣摩别人的人,就像在水边钓鱼的人,投下诱饵,必定能够钓到鱼。所谓的"摩"是一种与"揣情"相类似的活动,就是揣测别人的心理。虽然人的心理是隐藏不露的,但只要根据对方的欲望投其所好,也能钓到你所需要的"鱼"。

揣摩对方的心思,进而逐渐了解和掌控对方的思维是需要一个过程的。因此,当你得到有效信息之后,需要与对方保持一定的距离,进行反思和反观。这种思维操控的方法是有一定隐蔽性的,需要在暗中进行。任何一个客户都不希望他给你信息,你便用来分析掌控他的思想,因此,要尽量少暴露自己的意图。《道德经》中说:"鱼不可脱于渊,国之利器不可以示人。"教导我们轻易地炫耀就等于是在暴露自己的弱点。如果对方对此不满,就会使你遭受到打击。就像你有一件宝贵的东西,只要你不拿出来给别人看,别人不知道你就不会失去它。

在营销环节中,有人爱装腔作势、卖弄学识。在卖弄的过程中,会更多地暴露自己的无知,使得对方更加不容易相信你。因为卖弄的过程往往会让人抓住更多的把柄,这种方式无异于自取其辱。所以凡事还是藏着点好，不要轻易地亮出底牌。不暴露自己的意图，对方就难以了解你的弱点，而相反你有所保留，讲究策略，反而给自己留下大量的余地，能更多地了解对方。你的底牌，就是你的分量。

更多地保守秘密，藏好你的底牌

大多人都知道自己的底牌，并期待了解对手的底牌。何时能亮底牌？这需要反复实践才能掌握。谈判是销售工作中生意成交的关键环节，我们要持慎重的心态，以最大的耐心去面对客户。很多时候，是我们销售人员沉不住气，想尽快促成签约，而亮出了自己的底牌。一旦亮出底牌，被对方掌控，这样就丧失了主动权。对方提更多的要求时，你便无法处理。

古时候有两个富人认识很多年了，A因为经营不善越来越穷，为了攒点银子做生意，想把一块珍藏的玉卖给B。A认为他的这玉至少值400两银子，而B则认为这玉最多能卖500两。从思维的角度来谈成交价格，我们都会认定价格应在400-500两之间。一般交易是B如果想购买，就可以先开价，然后A觉得价格与自己希望的相符程度来进行还价。如果B同意了A的还价，那么这个生意就顺利成交了。如果B不同意A的还价，那买卖就做不成了。这个讨价还价的过程，也是一个谈判的过程。因为B认定玉就值500两，只要A的报价不超过500两，那B就能接受A的价格，就能成交。如果B第一次报价350两，A接受的话，就能得到350两。如果A不接受，那么B可能会把价格涨到400两，如果A还是不同意的话，B可能会最后还一次价格，可能是450两。如果A还是不同意的话，第三次报价超过500两，这个价格已经超过了B的心理预期了，那么B就不会再购买这块玉了。

假如A见到B先说,我这块玉至少得卖400两,少了不行。那么这个价格远低于B心理的价位500两,那么B就会高高兴兴地把玉买下来。而如果是B先开口说,我最多能出500两,否则就不买了。那么这个价格也远远高出A的预期,依然能顺利成交。

谁先亮出底牌,谁就会处于被动的地位。在生意场的谈判中,假如你轻易地亮出了底牌,那么你的对手就会相应地改变谈判的策略,制定出另一套最适合自己,有利于自己的方案出来,更求得到更多的利益。

当你亮出了底牌,对方会感激你的。这种感激,不是对你的赞誉而是轻视。因为你给了他们打击你的机会,一个自己断了退路的人,可以想象对方会设置什么样的条件来控制你。一旦失去了主动权,就会被对方牵着鼻子走。当对方转变策略,你便疲于应对,被对方搞得团团转,最后不得不作出妥协。于是对方获得了谈判的胜利。

用假设来推迟亮出底牌的时间

在不知道对方想法的情况下,可以试探进行谈判,但是决不进行让步。反过来想,如果我们还不太了解对方,而对方在不断地试探自己,想知道自己的底牌,这时,你可以想办法来岔开话题,或者引导对方的视线到其他的事情上。不能在对方探测你的底牌时,直截了当地摊开底牌,这等于缴械投降。除非在谈判中,你占有绝对的优势,那么,你亮出底牌会使对方产生好感,为你的诚意感动,可能有利于谈判的进行。事实上这样的情况是非常少的,过早亮出底牌的人面临的困境:

有一位新手来地产行业做销售代表，他手中有一个楼盘，周边配套非常好，生活方便，交通便利。但是有一个显而易见的缺点：这个楼盘离一个热力厂很近。热力厂到冬季的时候会排出白色的气体，大家都能看到，不太影响美观，只造成少量的污染，这一切都在合理的范围里，所以没有人对这个热力厂的烟囱过于苛刻。这位销售人员了解到一位顾客最近有购买的需求，开出的价格和位置与他手上这个楼盘符合度非常高。而且，这位客户也住在这个楼盘附近，对这里的情况非常了解。

于是销售代表致电客户，想约见面谈。他在介绍这个楼盘的时候，很直接地告诉客户："这个楼盘配套非常好，生活方便，交通便利，但是就是因为有个热力厂在这里，影响美观，冬季排出热气，所以才比其他的楼盘便宜的。假如您不介意，我觉得其他条件都非常符合。"客户听后，犹豫了几秒，然后对销售代表说："我也住在这附近，每天听够了人们谈论这烟囱，我还是买个离它远些的房子吧。"

我们的销售代表听了，赶紧补充说其实烟囱只是冬季用，其他季节没有任何影响。但是客户还是一口回绝了他，并认为没有必要见面细谈了。

可以想象，在这次的谈判中，销售代表没有严谨地思考过应当如何进行营销工作。他在没有稳操胜券的情况下过早亮出了底牌，导致一败涂地。

在生意场上，谈判是生意成交的关键，掌握谈判技巧固然重要，但首先要做到：保守秘密，留住你的底牌。在与客户的交谈中，让客户知道得越少越好，了解得越少越好。我们要先确定哪些信息是可以公开的，在保守秘密的前提下进行，不让客户清楚地了解我们的实力。一旦你亮出了底牌，局势就会立即发生180度的扭转，想不输掉都不行。很多人认为，性格直爽坦率的人不适合做营销业务，事实并非如此，性格不是一个硬性的指标，性格的坦率直爽容易拉近与客户的距离，只要这种坦率并非急于把什么都倒出来。为了能在谈判中占有主导地位，任何性格都可以选择保守。

5　不要过早给予满足

我国著名的国画大师齐白石先生所画的虾乃国画一绝,观齐白石先生所画的虾,如在水中游,而先生却从未在画中加上水。这种神奇的效果是人们看到画后联想出来的,可想而知先生的画功了得,竟然能给人留下如此大的想象空间。后来有位心理学教授分析这种现象,认为画中设有悬念,能吊人胃口,引起人的好奇心,给他人以无限的遐想。所以画经久不衰,始终给人以无限的遐想空间,使审美不感到疲劳。

工作生活中,我们常见有人说话只讲一半,听者便有了很多种猜测,反而能加深印象,这就叫"此处无声胜有声",效果比说出来更好。这样说还不够立体,我们来看看吊胃口的例子,效果一样惊人。

有个卖烟的商人到集市上做生意,卖烟当然是要大谈烟的好处了:烟能提神,能增强自信,防止衰老等等。正在他兴致勃勃夸耀的时候,人群里有一位老人走了上来,就好像和他事前商量好的一样开始对台下的观众说:"各位乡亲,除了这位先生所说的以外,抽烟还有很多好处呢!"那位商人一听,暗自得意:真是天助我也!于是向老人道谢:"先生请赐教！"

老人笑笑说："抽烟的人狗不咬，小偷不偷，永远不会衰老。"

别管说得对不对，正说到商人心坎上了，也说得观众热血沸腾，都想弄个究竟。这时，大家的胃口可被吊得老高了。老人意识到了这一点，开始给予适当的满足：

为什么说狗不咬抽烟的人呢？因为烟民驼背者居多，狗见了还以为他弯腰捡石头呢。

小偷不偷是为什么呢？烟民夜里咳嗽多，这一咳嗽可把小偷吓跑啦，以为人都没睡时机不到。

为什么抽烟的人不会衰老？因为烟民容易早亡，哪有衰老的机会呀。

瞧瞧老人多会吊人胃口，最后大家对这个答案津津乐道，商人八成猜到了最后这条，早就悄悄跑掉了。

按照一般的思维，商人正在兴致勃勃销售自己的商品，这时老人直接说出抽烟的"三害"，恐怕商人会直接与他发生冲突，观众也没有兴趣听，当然就不会记得抽烟的坏处如此厉害。老人只是巧妙地设计了中间环节，不让商人和观众的胃口轻易得到满足，而获得了意想不到的效果。销售过程中，何时该给予顾客适当的满足，这种心理的拿捏需要不断地实践方能实现。老人即让观众开心，又让观众认识到商人的虚假宣传，抽烟的危害，真是一石三鸟。

什么时候该给予客户心理的满足呢？购买动机是最直接的晴雨表：

分析购买动机

顾客最后为什么签单？因为顾客的心理得到了满足。顾客购买的内在动机，是能够获得内心的满足感。有时，在购买的过程中，满足感是由愉悦感带来的。当我们与客户交谈的时候，可以先营造一个好的氛围。营造氛围的方法因人而异，大多都是先调整好自己的心态，然后带着愉悦的心情去与客户交谈，客户很容易受到感染。假如我们自身就没有这种激情，那么勉强去做也不会有好的效果。

人的动机究竟对行为有什么样的影响呢？

有一位铁杆烟民，吸烟的历史超过20年，期间采用过许多办法戒烟均不奏效。每次戒烟都是坚持了一段时间后，实在难以控制，就从少量开始吸，最后又恢复到原来的水平。而每次难以自控的时候，他都能找到这样那样的借口，来说服自己。尽管有无数亲朋苦口婆心地劝阻，总不奏效。甚至有人直言，吸烟会生肺癌，也没有立竿见影。多次劝说后，他反而有了借口：肺癌形成要很多年，现在我的肺又没有什么反应，别吓唬我啦。

后来她的妻子偶然听一位做科普文化宣传的朋友说起一位心理学家帮助一位烟民戒烟的过程。于是妻子如法炮制，购买了两张图片，都是肺部的图片，其中一张是非烟民肺部的照片，另一张则是吸烟导致患肺癌病人肺部的照片。妻子将两张照片贴在卧室里。

这位铁杆烟民每次进出卧室总能看到这两张图片，开始的时候他并不介意。久了，偶然会站在图片前仔细分辨两张图肺部有什么区别。某一天，他突然什么都没说，就再也没有抽过烟了。这件事在亲朋之间流传很久，大家都感到疑惑为什么两张图片就能帮他戒烟，的确是传奇。这个方子对每位烟民都有效吗？

答案是否定的，能让这位烟民戒烟的最主要原因，是他的内心被肺癌那张照片震慑了，而不仅仅是像以前那样，简单地下决心不再吸烟。他认识到保持干净的肺部对生命多么重要，而肺癌病人是多么痛苦，于是对吸烟产生了真正意义上的厌恶。这就是这位铁杆烟民戒烟的动机。

调动客户购买动机

就像老烟民一样，刚开始戒烟的动机不一定是来自自身的，客户购买商品也是这个道理，存在潜在客户，如何将潜在客户变成准客户才是关键。这就需要进行诱导工作，达到那两张图片的效果。面对新客户，要先分析顾客的购买动机，人有这样那样的需求，有的想买名牌，有的即使身家千万也喜欢淘便宜货。就象一些识字不多的人，反而爱看《红楼梦》，这些都取决于他们的购买动机。有的客户购买商品是凭一时情感的冲动，有的则是理智购买，理智购买的大多是刚需，而情感冲动的大多是另有原因。

对于存在情感冲动的客户，他们对广告，海报，明星招牌很感冒，在说服他们的时候可以从这个方面下手：尽量多地介绍精美的包装，新颖的款式，色泽等等，价格适中即可，这样客户购买的几率就很高。

而对于那些购买动机属于理智型的客户，表面文章是很难打动他们的。这类客户对商品的认识一般会经历一个过程：情感的认知，认真地评价，了解功能，评估与个体的符合度。他们比较注重产品的质量，性能，价格，设计，效率等方面，因此，在介绍的时候切勿直接从表层来做文章。

有的商品没有卖出去，并不见得是商品本身不够好，或者不符合客户的需求，而是销售人员过早给予了满足，没有调动客户的购买动机，可以说在心理上还没和客户站到同一个水平线上。只有清楚了解客户的思维动向的销售人员，才真正做到了有的放矢。这样的情况下，我们的下一步该如何都一目了然，不需要制定攻坚计划，更不会在磨合的过程中迷失方向。

6　把梳子卖给和尚

这是个流传范围广又比较经典的案例，一家公司招聘营销员，主考官出了一道题目：把梳子卖给和尚。

来应聘的人都认为这简直就是开玩笑，但是有三个人却留下来迎接挑战。主考官以十日为限，检查销售业绩。第一位销售人员把梳子卖给和尚遭到痛斥，却在下山时见到小和尚挠头，于是劝其购买，遂卖出一把。第二位上山正好风大，游客头发被吹乱，他找到寺院住持，劝说住持购买梳子，供香客梳理头发使用，免得风大时蓬头垢面，对佛祖不敬。于是住持同意购买十把梳子，供全寺十座庙宇香客使用。最后一位则卖出了1000把，考官惊讶不已。原来，他是动员了住持购买梳子命名'积善梳'，作为赠品赠给香客，这样寺庙的香火更旺。这位销售人员不但成功把梳子卖给了和尚，而且开发了潜在的市场。我们发现，营销并不仅仅是和客户搞好关系，更重要的是发掘里面存在的"食物链"。

找到关联就能找到内部的联系

哲学上说，世间万物都存在联系。人与人之间表面上看不出关系，却存在潜在的联系。在营销工作，表面是体力和耐力的比拼，实际是脑力的比拼。那些思维缜密，善于思考的人，总能从表面关系中察觉到攻破的出口。

佛经中有个故事，讲佛祖为感谢玉帝的供养，就把玉帝变成了自己的样子。当佛祖的弟子们前来问礼的时候，看到大殿上坐着两个佛祖，都大吃一惊。目连、舍利弗、迦叶、须菩提面面相觑，不知道哪个是真的佛祖。于是叫来法力最大的目连尊者帮助辨认。目连尊者知道佛祖的法身比玉帝大，从远处应该可以看出来。于是先飞到三十三层天，再飞到恒河边上，如此折腾依然分不清哪个是真。这时，舍利弗认为不如从细微处来找不同，于是请大家看佛祖的座上有什么差别。一直观察到眼睛，发现其中一位佛祖的眼睛四处看，而另一位佛祖眼神淡定，于是认定眼神淡定的是如来神祖。果然如舍利弗所说。佛祖说："神通不如智慧，目连粗心，不如舍弗细心。"

真相就在我们眼皮底下，能看到的和不能看到的人究竟存在什么区别呢？如佛祖所说：唯细心二字。

以静制动

公元1642年，明清主力在松山一战，洪承畴被俘，洪承畴是明朝蓟辽总督统兵，威望很高，对中原的山川地理都了如指掌。洪承畴被俘意味着满清征服中原指日可待。然而洪承畴被俘后诱降措施都试过了，他不但不降，甚至要以死殉国。皇太极急于收复洪承畴，派出洪承畴以前在明朝做官时的同僚前去说服，可以说盛京城中能动员的力量都动员了，去劝降的人络绎不绝，都毫不奏效。后来皇太极只好派范文程去。范文程来到洪承畴被监禁的住所，与他天南海北聊了起来，却只字未提劝降的事情。两人聊得起劲的时候，突然房梁上有一小撮灰尘掉落下来，正好落在洪承畴的衣服上。

洪承畴一看，赶紧用手把灰尘拂去。换作普通人可能不会注意到这个动作，但是范文程却将它瞧在眼里。回去后范文程将这点禀报给了皇太极，并很有把握洪承畴是个非常爱惜自己生命的人，他会连衣服上的一丝灰尘都弹掉，爱衣如此，生命亦然。于是皇太极前去看望洪承畴，当时天寒地冻，皇太极当场脱下貂皮袍子披在洪承畴身上，并关切问候他的身体。洪承畴非常感动，遂俯首称臣。

如果面对的事情非常复杂，难以理清头绪的时候，我们可以采用解剖法。思维操控要遵循一个原则：化繁为简。如果你深入分析后，依然发现根本无法理清事情的头绪，那么一定是对事物内部联系认识不清。任何复杂的难题，就像和尚与梳子存在的内在联系，不是表层的，我们可以深入，扩大，也可以浅出，缩小，在弹性原则下看关系的本质。可以这样说，读懂别人是说服别人的前提，起码你要搞清楚对方真实的需求，或者更加深入一步挖掘潜在的需求。世界上没有说不服的人，只有看不懂的人。

怎样有逻辑地说服他人

第三章

CHAPTER

利用心理状态推动行为

1 读懂对方的心理

销售界有一个著名的案例:

某售楼小姐带一对老夫妻去看一幢老房子。走进院子时,细心的售楼小姐注意到老太太很兴奋地对老先生说:"你看那棵樱桃树多漂亮啊!"老先生则示意她"闭嘴"。

正所谓"褒贬是买主",刚走进客厅,老夫妻就开始抱怨客厅的地板太陈旧,售楼小姐赶紧对他们说:"是啊,这间客厅的地板是有些陈旧,但这幢房子的最大优点,就是当你从这间客厅向窗外望去时,可以看到那棵非常漂亮的樱桃树";来到厨房,老夫妻又开始抱怨厨房设备太陈旧,售楼小姐又说:"是啊,但是当你在做晚餐的时候,从厨房向窗外望去,可以看到那棵美丽的樱桃树"……

就这样,无论老夫妻说那套房子哪儿不好,售楼小姐始终都是说:"是啊,这幢房子是有许多缺点,但它有一个优点是其他房子所没有的,那就是您从任何一个房间的窗户向外望去,都可以看到那棵非常漂亮的樱桃树。"结果在售楼小姐不断强调下,这对老夫妻所有的注意力都集中在那棵漂亮的樱桃树上，最后这对夫妻花了200万元买了那棵"樱桃树"。

很明显，这个故事强调的是观察能力。都说"好人出在嘴上，好马出在腿上"，其实嘴巴不过是个发声工具而已，嘴巴怎么说，说得怎么样，完全取决于一个人的大脑是否强大。而强大的大脑，首先得益于一双锐利的眼睛，毕竟人类有90%的信息是通过眼睛观察得来的。换言之，眼力不佳，人生成功的机率大概只有10%左右，而这个概率，基本上等同于瞎猫等待死耗子。

兵法有云：知彼知己，百战不殆。在不知彼的情况下盲目作战，战斗力再强，也可能会导致全军覆没；在不了解对方心理的情况下试图说服对方，说服力再强，又将从何说起呢？

从这一点上来看，眼力其实决定了口才。

眼力不等于视力，它是观察能力和分析能力的高度整合。一个人可能老眼昏花，但这丝毫不影响他的眼力。同样，一个人可能视力超好，当飞行员都没问题，却往往看不透一个坐在他面前仅仅三尺的人。说来真有点儿对不起自己那双明亮的眼睛。

2 主动搭建沟通的桥梁

谈话中主动思考的人往往在角色中占主导地位,而制胜的法宝正是这种积极的心态。当我们自己先进入角色,就像在竞赛中,占有利位置者,更易掌控全局。而你只要调动对方的情绪,使得他们愿意配合你的行动就可以了。这种思维是自上而下的主动,而非自下而上的说服。就像在一个管理有素的企业里,员工有好的职业素养,创造的效益比较高。而如果公司企业文化不完善,员工培训机会少,技能不熟练,很难有高的效率。沟通对身在职场的人来说,是必修课。

沟通的必要性

孔子与众弟子周游列国,某日到一小国。这个国家蛮荒遍野,有钱也买不到什么吃的。忍饥挨饿了几天,终于到了邻国,大家都饿得头昏眼花了。这时他们听说集市上能买到吃的,于是赶去买到后,颜回让大家休息,自己做饭。过了一会便有饭香飘出,颜回打开锅盖,用手将热气驱散开后,便伸手抓起一团饭放入口中。孔子此时正好走过,顿时又惊又怒,没有想到自己最得意的弟子,竟然人后是这等行径。这读圣贤书,居然学到的是偷吃饭。孔子气得半饱,也不觉得饿了。他生气地回到了大堂,坐

下思考。这时,颜回给他端来了一碗热气腾腾的米饭。孔子怒气未消,正襟危坐道:

"天地容你我存活其间,这饭不应先敬我,而要先拜谢天地才是。"颜回答道:"这饭已无法敬天地,因为我已经吃过了。"这下孔子逮到了机会问道:"你为什么没有敬天地及恩师就先偷吃了呢?"颜回回答:"刚才闻到饭香,想掀开锅看饭熟了没有。打开锅盖时房梁上有土掉下来,正好落在了饭上。我赶紧伸手去把它抓起来,怕弄脏了整锅米饭。抓起来准备扔掉,又舍不得上面的饭粒,就把它放进嘴里了。"孔子听了原来如此,便原谅颜回。他发现眼见的都有可能造成误解,何况有时心想的呢。于是,欣然端起米饭吃了起来。

没有良好的沟通,孔子会误以为颜回行为失当;没有良好的沟通,难以搞好同事关系;没有良好的沟通,工作也很难开展。我们看看在会议这个重要的工作环节里,如何沟通才是高效的。

提前进入状态,减少在准备过程中花费更多时间,能让会议沟通更高效,提高你的工作效率。

准备是否充分决定了我们能否打胜仗,能否施展自己的抱负。通常在职场上,开会最能体现人的准备是否充分,也是准备对结果影响较大的地方。我们看看那些无准备或者准备不充分的人员,在与其他人的沟通过程中会出现什么样的问题:

无法直接进入主题

开会就某个议题展开讨论时候,我们发现在这个议题中与会成员的反应是不同的。尤其是当议题深入的时候,会出现一些无法提出意见或者搞不懂其他人意思的人员。可以说他们除了没有充分准备，同时也没有当场消化议题。他们是在他人谈论的过程中才进行思考的。而经过仔细思考的人，往往能在发言中排除那些显而易见的错误。

错过重要的发言时机

那些为议题做了充分准备的人，总是在观望其他人的观点和自己的是否有契合度，不断寻找发言的时机。只要能够抓住适合的时机，就能成为引领议题的角色。

在与客户的交谈中，我们的思维上是否成熟，是否能真正掌控局面，都要看你在见面前是否下足了功夫。说什么，如何说，如何才能让人信服等等。在心理上占优势的都是那些有充分准备的人，因为他们其实在真正面对"对手"前已经思索过策略，所以，哪怕碰到一些尴尬的局面，也不会手忙脚乱。我们看到那些被客户"震慑"的营销员，基本上是心理上没有足够优势的人。为了使得自己在沟通中能占有主导和引领的地位，最好的办法就是自己先提前准备好。

好的营销人员会把每次所见客户的名字，性别，个性特征，需求，疑点等等写在纸上，进行分析。当你再次面对客户，就能逐渐排除心理上的不安。而客户其实只有几个类别，深入了解了一位客户，做足充分沟通准备，比浅层次地了解100位客户效率更高。从心理上搭建好沟通的桥梁，我们不必再为错过发言时机，错过客户而懊恼。

跟不上步调的思维操控者

这似乎是个笑话。对于自以为聪明不需要锻炼就能出奇制胜的营销员，客户就是他们锻炼的对象。当然思维敏捷也是一件不可多得的好事，但是毫无思想上的准备，沟通好只是自己的设想，万一碰到意外情况，会突然跟不上步调，被顾客牵着鼻子走。也有人碰到"百变"客户，在电话里和蔼可亲的，到了实际交谈的时候，特别是签单的时候变得"不可理喻"。于是对于客户提出的刁钻问题一时语塞。思维上的滞后，使得他们无法清晰地表达自己，就容易被客户认为是不用心服务，不真诚。

我们一生中要与不同的人进行交流，很多人不是我们的主要服务对象，但却总与我们有着这样那样的交往。我们的客户往往就处在这种角色当中，你抓住了多少机会，你获得了多少成就，与你的日常付出是有关系的。谁都没有可能在毫无准备的情况下顺利地达成共识，更不要说我们是主动把东西卖给客户，让客户付出金钱了。

主动搭建沟通的桥梁，态度上要真诚，从思维上要积极准备，在应对客户的时候才能减少障碍。尽量做到松紧适度，不要让客户觉得你就是为了签单而跟他们进行沟通的，那样对方的心理上感觉你缺乏诚意。搭建好沟通的桥梁是我们顺利进行营销工作的保障。

3　重视情感带来的效应

相见恨晚是情感为友谊带来的铺路石，与子偕老是真挚的情感升华成为爱情，好的感情基础是我们说服对方最好的筹码。然而事实上，我们的行为被习惯所控制，我们都没有"千面缘"，这是从小父母和学校教育我们要"有选择性地交朋友"的结果。

在智力上人与人的差距并不大，前面的章节我们已经讲过，思维操控其实是利用对方心理上的真实需求或弱点，通过灌输新的观念来控制对方，而并非真正改变对方的思维。我们看那些呼朋唤友的人，那些成功的营销员都是"人缘"极好的人。这些人乍一看，似乎什么都能放得开，表面上也没有什么能耐。而事实上，心胸大度的人，能给对方一种踏实可信赖的感觉。这就是交往中建立良好情感的基础，人人都乐于与他们交往。而很多人也感到与他们交往即使有些许不足的地方，对方也不会责怪，所以心理上很放松。这样的人最令顾客放心，哪怕签约有不满足之处，心里却不别扭。顾客往往就愿意花钱买这种舒服，而这类销售人员容易被顾客视为朋友，兄弟，这是情感带来的效应。这样营销员往往早就把眼前的利益抛弃掉了，他们把合作变成了一种互相学习和双赢的活动。

我们知道情绪带来的效应是非常惊人的。对于身体而言，有人会大笑而亡,有人会悲痛而一夜白发,也有人因为担忧焦虑而自杀。现代社会处处充斥着无数的信息,对人的影响可想而知,而人与人之间建立的情感也同样具有这样的杀伤力。以情动人能使陌生人变成兄弟,能让人为你两肋插刀。

古时候有个"身在曹营心在汉"的典故,讲三国时期的刘备可谓是个"会用情"的高手。刘备还未成气候的时候为了避开曹军不得不四处奔波,有一次在一个叫新野的小县城安顿下来。当时刘备被曹操赶得到处奔波,好不容易在小县城新野安定下来,并有了徐庶做军师。后来曹操劫持了徐庶的母亲,并派人给徐庶送来了徐母的信。徐庶是当时的大孝子,虽然看破曹操诡计依然要前去。刘备大哭着让徐庶先救出母亲,以后再向他请教。徐庶看到刘备这样,心中非常感激。第二天刘备为徐庶饯行,亲自牵马来送他,并把徐庶送了一程又一程,总是不忍分别,徐庶被感动得热泪盈眶,自此徐庶虽然离开但心却在汉营。

刘备是作秀?是演戏?凭徐庶的高明不会分辨不出来,心到正觉必成,所以,动情的基础还是真诚二字。

暴虐的人做不了将军,残忍的人统治不了国家。古代许多军事家也倡导要以"情"带兵。战国时代的名将吴起爱护自己的士兵,像对待自己的孩子一样,他行军的时候不骑马,和士兵们同吃同睡。士兵打仗受了伤,他会亲自包扎伤口,史书上记载他甚至为伤口长蛆的士兵吸吮伤口。士兵们都非常爱戴他,与敌人交锋的时候士兵异常的勇敢,这也是吴起率兵征战几乎从来没有打过败仗的原因。

现代也不乏这样的例子,我们在管理团队,稳定客源的时候,奇招倍出，最后定大局却都离不开一个情字。

海尔曾有过"车间装空调，总裁吹电扇"的流传。张瑞敏上任后购买了一辆大客车，接送工人上下班。海尔的食堂，工人先吃干部最后吃。一次会议张瑞敏为自己倒水时，看到在坐的员工没有水杯，就让两名员工买了两箱矿泉水，放在没有水杯的员工桌上。有人这样形容张瑞敏：他能让你奔事业，又能让你时刻感受到朋友的关怀。

守住诚信的底线

我们在与客户的沟通中，得到顾客的赞赏时，往往以为是自己的专业服务打动了客户。而事实上有一项调查表明：顾客购买往往是得到了心理上的满足。当然购买东西是有需求和购买动机的，但是促使他们购买谁的商品，这就要靠营销员给顾客的真实感觉了。同样的价格，有的顾客却愿意买某家远些的，宁愿多跑路。为什么舍近求远，为什么不嫌麻烦呢？我们如果仅仅将原因归结为营销员会说，会做人是不够的。在沟通中，除了服务客户以外，我们还需要尽量地"做好"人。

写好人这个字，并不容易，比起做好人来，却简单了许多。谁是顾客心理的"满意推销员"呢？我们来看看《淮南子·主术训》中说，百姓之所以相信统治者的话，是因为统治者的信用大于语言。老百姓之所以服从统治者的命令，是因为他们被感化在先。假如统治者颁布命令却无人愿意服从，那么这是统治者的真实情感与命令差距过大的缘故。这说明，信任是沟通的前提，真诚才能以情动人。

连统治阶级都要以情动人，何况我们呢？

至诚通天，无需利器，乃绝杀之计

什么招牌都不如情字招牌，而营销过程中太注意智力比拼是本末倒置的，因为你和顾客不是在考试看谁能及格。在情感上人人都愿意受到尊重，人人都希望得到体贴谅解。

战国时候，燕昭王想振兴国家，为了招贤纳士，向郭隗求教。郭隗给燕昭王讲了个故事。从前有一位国君，想花重金去购买一匹千里马，但是到处寻访都没有得到。国王身边有个仆人对国王说他能买到千里马。仆人到处寻访，终于找到了一匹千里马，但是在回来的路上马死了。仆人回来禀报国王后，国王大怒，说自己要的是活马，死的有什么用处呢？仆人说天下人听说国王为买死马都花了500两黄金，一定是诚心花大价钱买马，肯定会有人送马来的。果然不到一年的时间，国王先后有的三匹千里马。郭隗讲完这个故事后，又接着说："大王若是真心求贤，那就先从我开始吧。象我这样的人都能被任用，何况比我更贤能的人呢？这些贤人，就会不远千里来到燕国啊！"

燕昭王听了非常高兴，不但拜他为师还赐了他房舍。果然，全国有才能的人听说了，便从四面八方来拜见燕昭王。几年后，在众多人的扶持和百姓的辛劳下，燕国实现了国富兵强。

以情动人才能长久交往，而身在商业社会，我们的工作是要与客户沟通，说服他们购买，从而实现利润。销售的境界是要与客户保持长久的关系，甚至成为知心好友，而不仅仅是为了完成一次的销售任务。当你真正从内心认识到这个问题，就不会再走远路。

4　以退为进靠近目标

张英是清朝的大学士兼礼部尚书,安徽人,张家与吴家是邻居。有一年两家都想要建造新舍,因为宅基地而发生了争吵。张夫人便写了一封家书给张英,想让张英出面调解。张英看完书信后,作诗一首劝导夫人:"千里家书只为墙,再让三尺有何妨?万里长城今犹在,不见当年秦始皇。"

张夫人明白书信里的意思,于是主动退让三尺。吴家看到后,感到很惭愧,也主动退后三尺。两家院墙相隔六尺,中间形成了巷道,被称为"六尺巷"。虽然张家失去了祖传的几分宅基地,却换来了邻里的和睦,因此而流芳百世。

宽容是一种美德,可以这样说,宽容别人就是善待我们自己。总想在谈话中占上风的人,内心对掌控局势有一定的不自信成分存在。就像那些心理上总想占上风的人,是因为自己总在劣势信心不足造成的。在谈判中或者与客户的沟通中,如果步步紧逼,锋芒毕露,会使对方感到紧张。谈判和沟通的基础是互相尊重,应坚持互惠的原则进行,尽量给对方留有余地。

任何发生冲突的谈判,只要失败了都会对双方造成损失。谈判和沟通的目的是要合作而非产生争议,任何人都会在居高临下时候产生抗拒,在利益受损时停止合作。适度的让步是调节关系的良策。

退,给自己让道

有一位妇人爱生气,经常为了生活中一点点小事而动怒。她自己也知道脾气坏,却怎么也改不了。一次她到寺庙去向一位高僧求教,如何才能消除这个毛病。

高僧听后一言不发将妇人领进了寺中的一座禅房,待妇人进来后,高僧出去锁上了门。妇人见状十分生气,开始大骂高僧。但是高僧在门外却置之不理,似没有听到一般。

妇人骂了许久,见全无效果,只好作罢。这时高僧在门外问道:"你还生气吗?"

妇人说:"我气自己怎么会跑到这样的地方来受罪!"

高僧说:"你连自己都不能原谅,又怎么能做到心如止水呢?"说完拂袖而去。

过了一会高僧又来问道:"你还生气吗?"

妇人说:"不气了。"

高僧问其缘由,妇人说:"生气也打不开门呀,又何苦呢?"

高僧说:"你依然在衡量是否值得,说明心中气并未消除。"

妇人问高僧何为"气"?

高僧将手中的茶水泼洒在地上,妇人看了许久,似乎明白了什么。于是拜谢高僧后离开了。

我们看到这位妇人生气，其实是在跟自己过不去。人碰到激烈争执和相持不下的情况，往往是不愿意放弃一点点利益。而如果能像张英那样退一步，对方反而会敬三分。人人都只心怀着自己的利益而无视他人的，必然会导致两败俱伤。

与客户见面时，沟通中出现对方情绪态度有大的变化，这往往是对方利益所在。假设在这个地方让步，对方立即就会有轻松感并产生感激的情绪，我们可以利用这种心理上带来的效应，想办法要求对方在涉及你利益的地方进行让步。掌握好让步原则，互相体谅，进退有度。

有一种情况，我们愿意让出对方的利益所在，但是却提不出合理的交换条件。这种情况下销售人员可能会感到自己"不划算"于是打消了让步的念头，使得谈判无法继续下去。从这点来看，我们考虑交换条件时要涉及各个层面与角度，不要仅仅盯着我们是否可以让步，给予顾客更多的利益。这样的考虑仅仅是从对方的角度看问题，而忽略了自己也是这场谈判中的利益方。

你退他进，顾客得到了心理满足。退是假象，而以退为进才是目的。但是学会机智地"退"才能更容易靠近目标。

退而有"道"

营销工作中，沟通谈判是双方共同的利益磋商，就像两个竞赛的人一起跳一支双人舞。其中一方假如进一步，那么对方就必然要退一步，你进我退，我进你退，由此双人舞蹈才得以和谐进行。如果一方只知道进，而不懂得退，那么另一方始终处于被逼迫退步的位置，这支舞蹈是无论如何也不会和谐的。舞者双方可能资质差异比较大，娴熟的一方在舞蹈中可能起到调节作用,不娴熟的一方则会更多地进行配合。

而谈判却不是这样,棋逢对手的机会和几率最大,碰到"弱敌"和遭遇"强敌"的机会都比较少。人与人之间相差无几,学会跳双人舞对合作大有裨益。

不论舞蹈水平如何,只要心中有数,可以尽量放松去跳。合作也是这样,越紧张就越难发挥真实的水平,而轻松自如,视对方为友就越容易发挥得洒脱。合作中如何进行争取?退多少步,需要什么作为交换条件?给对方让出多少步,对方会提什么条件?可以协商进行。输与赢是相对的,我们不可能单独赢得这场双人舞的金牌,所以,要掌握好分寸。千万不要觉得忍让没有面子,是丧失尊严的事情。就全局而言,促成合作是最终的目的,而不是在中间纠结矛盾。退让若可避免矛盾激化,换来他人的尊重与感激,何不让出呢?

给退做个好的设计,退而非一味地退让。当我们的承受能力受到严重挑战的时候,依然选择退让,会让人感到软弱,也会给自己带来损失。退而有道,转换思维,什么情况下已经能够化解对方的危机,不超越对方底线?这就是我们退的临界点。合作不是拉拢对方,不需要在原则问题上过多让步。给予对方足够的空间,但是不做过多的让步。这个时候不是来讲究胸怀,人品的时候。聪明的人不会一味地争强好胜,也不会一味退让。在必要的时候,宁愿后退一步,避其锋芒。

尤其在有些方面即使自己退让得多一些,也不要斤斤计较。就个人的整个职业生涯来说,有得必有失,而付出会得到回报。你退让得多,顾客并非全然没有感觉。而你所表达的诚意,会使顾客用到产品便想起这份"实惠",甚至会开心地告诉其他人所得到的实惠,这在无形中也为产品做了宣传。人与人之间的口耳相传,会为产品造成一定的口碑。

太计较得失的人不容易快乐，而太计较得失的合作与谈判会失去很多潜在的机会。

5 因事生谋

鬼谷子说过，变化会产生新的事物，而对新事物需要新的谋略。谋略之后就会产生计策，而计策是否得当需要议论，而议论的时候就会产生各种各样的说法。说法会推进事情发展，有发展就有退后，有退后就会有掌控。从此事情得到了把握。所有的事情处理的方式都是这样的，任何计谋的产生也是这样的。我们不得不佩服古人的智慧，在实际运用中，无不遵循这个过程。反思一下以前做事的习惯，是否有碰到事情却无防备的时候？我们往往会说那是因为没有经验，是因为没有想到。这些出乎意料的情况究竟是怎么发生的呢？可以这样说，任何人都有疏忽的时候，但是生活中我们不可能遭遇所有的版本，我们要善于从中找到相同点。我们往往会把那些思考方式与众不同，或者给出的策略差异巨大的人称为思维跳跃者。事实上，他们只是越过了思维的某些程序而已。而没有主意、没有谋略的人，则难以掌握这样的思维程序，在遇到事情的时候往往让情绪代替了思考。那么如何使得自己在与他人交谈或者遇到紧急事情的时候，依然能最快地作出有效的决策呢？

追寻起因,堵住思维的漏洞

每个人的思维都是不同的,预测一件事情的发展和结局也就大相径庭。有人似乎早就预见了结果,神机妙算,有人则非要到事情败露才觉得迟。三国时期,刘备占据荆州,孙权占据东吴,而东吴对荆州垂涎已久。这时刘备的夫人去世,周瑜向孙权献策,让孙权假装把妹妹嫁给刘备,以换取荆州的计策,孙权欣然同意了。

在刘备出发前,诸葛亮根据全局制定了各个环节的破解之策,并将三个计策分别装进三个锦囊里,交给护送刘备的赵云。赵云护送刘备到东吴驻地,打开第一个锦囊,依照诸葛亮的意思让刘备去拜访了在东吴威望很高的乔国老和吴国太,让大家都知道刘备此次前来迎亲,制造出迎亲的声势。最后,孙权碍于面子只好弄假成真。待刘备娶亲后,被声色迷惑,不想回荆州去了,这就是得陇望蜀的典故。这时愁坏了赵云,他只好拆开第二个锦囊,原来诸葛亮早料到会有这样一出。于是禀报刘备谎称曹操领兵五十万直奔荆州,要报赤壁之仇。刘备大惊,立即决定回荆州。但是身在东吴,不好脱身。于是与孙夫人商量一同回荆州拜见先人,于是瞒着孙权逃走了。

孙权知道后派兵追赶,周瑜已经在前方安排了埋伏。这时真是前有虎狼后有追兵,正陷于两困的境地。赵云拆开诸葛亮给的第三个锦囊,上面写着让孙夫人出面解围。孙夫人怒斥围堵的大将,解了围困,刘备才得以回到荆州。我们都佩服诸葛亮神机妙算,三个锦囊妙计使东吴"赔了夫人又折兵"。

事物的发展都有一定的规律可循,就像古代纵横家所言,凡是谋略都有法则。我们如何掌握这个法则呢?追寻起因,你就可以顺着这个藤一直摸到事情的真相。诸葛亮正是根据这些真相来制定上、中、下策略的。而获得解决问题的良策，则是靠反复分析，堵住思维的漏洞，看任何一种意外情况下，策略是否管用。

同因异果，不循同法

一个计策往往只适合一个问题，就像我们不能用同一种妙计解决两件事情，即使是看似相似的事情，事情的内部情况差异也很大。

周武王在打败夏桀、商纣之后为了收买人心，分封诸侯，成就了一代功业。刘邦在被困荥阳的时候，接纳了郦食的计策，仿效商汤、周武王分封诸侯的计策，想用此法来扭转局势，使八方的诸侯前来朝拜，好成就霸业。刘邦听后欣然同意，准备命人将玉玺送到各地进行分封。

张良闻之，赶紧前来面见刘邦，极力劝阻。张良认为，周武王分封的现实情况与刘邦不同，周武王是在打败了夏桀和商纣的情况下进行的，那个时候天下初定，分封是为了收买人心。而刘邦如今正陷入楚汉之战，且汉弱楚强，即使分封，那六国的贵族后裔怎么可能前来称臣。第二点更为重要的是，如果现在就分封了六国的贵族后裔，那么等战争胜利，就没有寸土的地方可以分封给功臣了。现在将士如果看到分封的结果，必然会发现无利可图，战事必然不顺，导致战争胜利遥遥无期。刘邦听后醍醐灌顶，这是张良"画箸阻封"的典故。

当时的时事就是"楚汉之争"，而"谋"是分封天下豪杰。这个谋略因为脱离了实际情况所以被张良否决。学习孙子兵法，照搬练习可以更快地领悟掌握其中的奥妙。但是遇事就照搬而不根据实际情况进行，或适得其反。

　　而放在实践中，任何一位顾客都是与众不同的，所谓"事"就是这次会面的目标，从这个点出发产生"谋"。而不能见到任何客户，推荐产品，洽谈生意都使用同一种策略。这个策略何时制定，要达到什么目的，要将各种情况算在内，设计上中下三种策略，实地可选择的余地就比较大。假设在说服的过程中，出现与选定方案不同的特殊情况，你还可以调整战略。

怎样有逻辑地说服他人

第四章

CHAPTER

如何用逻辑去"骗人"

1　逻辑说服非同凡响的后果

历史上的革新运动，文化运动带来社会性心理的整体变化。要达到的效果与领导者的手段和需要达到的目的有关。

彼得一世是一位天才的改革家。他的改革几乎涉及到社会生活的各个领域。他一生共颁布了三千多条法令，进行行政机关、军事、工业、军队等改革，并建立了众多学校与科学院，派遣年轻人出国学习。俄国在这样的洗脑风暴下，理性压倒了愚昧，科学之光普照。经过改革俄国迅速赶上了世界先进潮流。难怪彼得说："虽然我未能亲手建成强大的俄国，但是我的子孙会沿着这条道路走下去，直到目标实现。"

再来看看改革对社会所产生的影响：国力的壮大，整体实力得到了巨大的提升，使得俄国跻身于欧洲强国行列。改革给俄国社会带来了翻天覆地的变化。

资产阶级革命之父卢梭说："我们把真理灌输进人脑，是为了其不被谬误占领"。而人的一生中，教育是最能帮助人排除谬误的。所以，被真理占据，和被谬误占据，必然是两个极端。当真理体系在我们的大脑扎根，封建迷信就很难进驻。

人是如何被洗脑的

很多人都认为营销高手与顾客谈判，很少谈事，而大多时间都在做两个工作：

- 研究顾客的弱点；
- 反复谈产品的好处和施加影响。

这种认识只看到了表面，实际上1是为了赢得顾客的好感，而2则是为了让顾客认同产品。有了对产品的认同。这两点做得比较成攻后，大多数顾客便会在你所介绍的产品中进行挑选。而被洗脑不彻底的顾客，依然怀着对产品将信将疑的想法，想再看看，再对比一下。对这类客户需要进行二次洗脑。

观念的冲击发生在我们生活的方方面面，虽然你不了解它们，甚至不认识它们，但是很多观念已经被巧妙地"种植"到了我们的脑子里。

有段时间皖酒王大卖，在黄金时间插播广告，人人都对那句广告词耳熟能详："滴滴甘醇，品质流金。"

有顾客到商场买酒，听说有酒降价，蜂拥而去。在产品品尝区，几倍顾客问道："不知是不是和皖酒王一样，滴滴甘醇，品质流金？"

很明显那句深入人心的广告词变成了人们判断酒好坏的标杆，他们被洗脑了。

最有趣的是，大多被广告迷惑的客户，并非我们的准客户，他们却对我们的产品有独家见解，会给销售人员讲我们的产品应当向某某产品看齐。而可悲的是，我们的销售人员听完也常常被顾客说服。如果业绩不好，他们愁眉苦脸地说：

1.价格定得太高了。

2.我们产品的知名度太低了。

3.我们得增加点信誉让顾客更信得过我们。

听到这些话你不得不佩服，顾客的看法使得销售人员丧失了自信，总以为顾客的意见才是对的。其实顾客所说这些话，无非是从自己利益的角度出发而来。业绩不好，可能是销售人员锁定的顾客群体有偏差。而被顾客说服，根本的原因是销售人员还没有深层次地了解自己的产品。没有掌握顾客的详细信息，在这几种情况下进行工作，被顾客牵着鼻子走就不奇怪了。当你地抱有和顾客同样的看法时，你已经被顾客说服了。

我们每天都会被大量的信息包围着，这其中有些可以为我们所用，而有些则是负面的。比如，那些禁烟禁酒的广告，是对我们身体健康有益的。而有的广告夸赞拥有某物人才真正得到满足，这类广告是想让我们掏腰包。

逻辑说服的效果如此非同凡响，我们究竟如何才能不被客户洗脑呢？

洗脑的惊人效果

一家世界500强企业招培训助理，要求被录用的新人跟随销售人员进行两周的销售工作，然后再总结心得体会。因为只有实地拜访过客户，参加过销售工作，才能懂得销售人员究竟需要什么样的培训。这是非常人性而合理的要求，于是被录用的培训助理，开始了为期两周的实地调研工作。

他发现每当销售人员与客户谈判时，提出这样的问题："你们的牌子可信度怎么样？"销售人员感觉很难回答，即说："已经上市几年了，有不少顾客。"顾客听后，并不满意，说："我根本没听说过，你们牌子知名度太低了。"然后销售人员会感到局促，明显没有什么办法，也随着顾客附和："以后会越来越好的。"这些空洞的词，顾客听完很少有人会继续再问下去。

于是销售人员私下里就会对培训助理说："你看，顾客嫌我们产品知名度低，要是我们能跟某某一流产品那样打广告就好了。"

培训助理发现，这位销售人员没有认识到一点：任何人的认知都是有局限的。可能有的人一生都不知道一款热水器的牌子，却知道10种以上车的品牌。并非所有的顾客买产品都非常重视牌子，大部分人更想要购买质量过硬，性能优良，价格适中的产品。同样的道理，一款知名度非常高的产品，就一定会比我们的产品好吗？也许他们可能打了更多的广告，在税收方面作出了更多的贡献导致产品价格更高。

这是典型没有吃透产品，也没有摸清顾客心理的案例。这种情况下，感到无以回复的销售人员，很容易被顾客洗脑。

假设这次谈话继续下去，就会把销售人员的信心完全熄灭。

顾客一定会问："牌子不行，价格怎么样啊？"

同样的产品价格相差无几，我们也不会有多少优势，那么就会招致顾客的结论："牌子不行，价格还这么贵。"

顺着这条逻辑思维的藤条，我们会一直被顾客打压得不能翻身。

而事实上，反过来看，我们还是有许多优势的：

● 任何品牌都是从小品牌来的，也许先占领这个市场的品牌已经技术老化；

● 同样的产品名牌价格高，而我们的产品宣传少，在质量和性能上是一样的；

　　从这里我们可以看到，我们脑海中对公司企业文化的熟悉程度，产品的用途，甚至对产品的信心就能看出，越熟悉公司企业文化的人越难被洗脑。越清楚产品功用的人，就越难被别的产品比下去。而越对自己自信的人，就越有说服顾客的手段。

　　营销工作上不能浮在表面，直来直去往往是最容易受到打击的。我们要读懂顾客话语中暗含的意思，提问和不满。正视这些信息，不过分放大。而相反的，在我们与客户的沟通中，尽可能地在话语中反复强调那些你熟悉的，认为非常重要的信息。

　　顾客说服了营销员的情况产生皆源于我们自身根基的"不固"，让科学把谬误赶走，我们要让信心把忧虑赶走。

2　骗局与自圆其说

当下流行的骗法多如牛毛，让人防不胜防。为什么骗局本来很容易识破，却依然有那么多人争先恐后上当了呢？不是骗局有多高明，而是骗局的设计漏洞越来越少。按照正常的角度去看，看不出什么大的问题，但是假设你采用逻辑的分析方法，就能发现很多环节存在漏洞。

在生活中，很多事情是不能用对与错来定位的，所以，我们习惯了"迁就，将就"。这就造成了我们判断问题无法直接用科学的方法来进行，而是带有两面性。这种两面性在个人思考的时候更容易被诱导，而与人探讨的时候，反而不容易生发。那些骗局是如何出现的，究竟是如何骗人的呢？

骗局的出现必然与利益有关，否则没有人会花时间和功夫去精心设计，让骗术到达可以欺骗人的程度。越隐蔽越贴近生活的骗局越容易迷惑人。而那些逻辑非常严密的骗局，最能迷惑大众。因为大众大多平时并不习惯采用严密的思维逻辑想问题。我们在生活中所秉承的逻辑是非常松散的。所以，有时候，只要能自圆其说，我们就会信以为真。从这一点来看，分辨骗局其实是个技术活。日常也有很多人喜爱用夸张的言辞进行交谈，而我们也能习惯这种风格，只要他们能自圆其说，不但不会遭到嘲笑，甚至会被人尊重。那么这种夸张的本身也是一种欺骗，为什么我们却愿意相信，并依然能与之保持友好关系呢？因为这些夸张增添了一些生活的乐趣，而并未对我们的利益有任何伤害。但是假设营销人员也用类似的夸张手法来给客户做讲解，是否对工作有帮助呢？

这要分场合，有的时候三两句的夸张会使得客户感到我们的实力非常强。但一味对产品的功用过分夸大，反而会使顾客对产品更加挑剔。因为产品是直接涉及利益的问题，在对产品的表达上尽量贴近事实，否则当客户使用后发现你的介绍漏洞百出，你就很难自圆其说。

骗局旨在骗人钱财，为什么人们却难以发觉呢？任何一个上当受骗过的人反省的时候，都会说："我当时其实意识到这可能是骗人的，但是因为诱惑太大了，所以就觉得自己牺牲的小利益没有那么重要了。"

原来如此，是在利益对比中骗局被淡化的。假设有人发一个信息通知你中奖了，将获得1万元的奖金，但是要求你先缴纳600元的税。这时，虽然要先缴纳税，但是1万元的奖金跟税相比，显得更加重要。被欺骗者会首先考察通知的来源是否可靠，再考察通知是否真实。当我们打电话给通知我们领奖的人，会被告知可以上某网站查询，并提供身份证后对方给你提供登陆号。每个环节都比较严谨，每进行一个环节，我们就会被套牢一点，越来越少地想到这是个骗局。假设刚开始我们完全不去看通知的中奖资金，直接去查询派奖机构，找到派奖机构后查实这个机构历届中奖人员的领奖情况，致电当地公安系统，骗局就会逐渐水落石出。

但是现实中有很多人并没有这样去做，而是被一层层地套进去，最后完全被迷惑了。直到钱被骗走，还打电话去问，奖金何时到账？

而历史上也不乏前人犯错，而后人持续"遭殃"的例子。或者为了顾及前人的面子，或者现在的人无法更改这个错误，或者为了降低错误造成的损失和痛苦,干脆换种说法来自圆其说,使得后代子孙都不去认真计较真伪。

苏丹南部有一个非洲部落,生活着努埃尔人和定卡人。两个种族的习俗非常奇特,当族群里的孩子长出门牙以后,就将它们拔掉。上面2颗门牙和下面4-6颗门牙被拔掉,使得孩子们的牙床结构发生了改变,显得比较松散,所以下颌也相对比较松弛,使得说话发音的时候,很多话都说不清楚。而拔牙的过程更是血腥,小孩子被用鱼钩拔掉门牙,会流血,并感到疼痛难忍,造成的心理恐慌更是不用言说。

美国的一本心理学书籍《犯错了,但不是我犯的》的一书中,详细地阐述了这种奇怪的风俗,将它叫做"认知失调"。什么是"认知失调"呢?就是当两种不同的认识和信念发生强烈冲突的时候,人们心里会感到很不舒服。就像人人都知道,门牙的作用举足轻重,但是习俗却无法改变。这时,努埃尔人和定卡人只好改变自己对这种习俗的看法,来缓解拔牙的痛苦和不适。也就是说,这两个种族的人,通过改变想法来说服了自己。他们说服自己没有门牙在外观上是漂亮的,这就证明了孩子们拔牙是正确的。

我们知道这并不能改变拔牙造成的痛苦和副作用,但是可以看出人的思想是多么强大,在任何领域只要你愿意都能说服自己,即使这是个骗局。正如黑格尔说的:"认识到思维自身的本性即是辩证法,认识到思维作为理智必陷于矛盾、必自己否定其自身这一根本见解,构成逻辑学上一个主要的课题"。就像如果你做了一件事情让你想起来就后悔,你会怎么办?我们的思维会很快改变路数,为了不将我们的认知停留在这种痛苦上，它会自动作出无数合理的解释，比如：

● 因为当时的情况没有发现其他选择，所以你只能那么做。这样后悔程度就会减轻。

● 因为就算当时有其他的选择，不见得结果就比现在好。所以，现在发生是必然。

结果是，我们很快被拖出了这个后悔的深渊，而把造成这一切的责任推掉。

美国著名的心理学教授艾迪·哈蒙通过实验发现，当我们的生活中发生了这种后悔的事情，冲突不仅是抽象的认知，更多是行动上的问题，尤其是决策和选择上的。就像我们选择了一个答案，但是这个答案我们不能肯定它是错误的，在我们重新作出决定的时候，我们的思维就会为自己作出的选择提供证明，认为我们的选择是非常正确的。

当看到欺骗性的信息时，人的头脑也是如此，初次看到并不能判断信息是否可靠，而当我们作出要去兑奖的想法时候，我们的思维就会为你的想法提供充足的证明，证明这个骗人的兑奖信息是可靠的。如果我们不能完全了解自己的想法，那么我们可能一开始就是在为自己做的错误决定而自圆其说。

在洗脑的过程中，任何环节都是为下一个环节服务的，如果不能自圆其说，那么顾客随之也会产生对上一级环节的怀疑。

3　信息来源和覆盖面

在任何思维活动中，都少不了信息的支撑。简单地从生物的角度来看，那些对领地的情况越熟悉的动物，挨饿的机会就越少，对自己的环境的控制力更强。而在人类社会，眼界越小的人越安逸，因为信息的分量还不足以使得大脑做出应激反应，从而做出什么行为来改变当前的状态来适应环境。信息冲击越大的地方竞争力越强，在两个竞争对手之间，想要在认知上处于优势，那么掌握更多有效的信息则更有帮助。

在我国古代科技落后的情况下，如果边关发现了敌情，如何让周围驻守的将士知道并过来汇合呢？烽火台是我们最先发明传递信号的工具，后来火药发明后使用火药更加快捷。而在书面信息传递方面，古代用的是快马，漂流瓶等方法。今天科技的发展带来了天翻地覆的变化，网络，通讯设备，各种平台，我们司空见惯。相对古代来说，这种信息覆盖面简直可以称之为天翻地覆。而信息是不是越多越好呢？我们俯视周围的世界，到处充斥着这样那样的信息。可是你却很难听到什么太新奇新鲜的事情。这是什么原因呢？我们每天被这些信息包围着，在我们的心中已经把：热点，一般热点，非热点分得清清楚楚了。而我们的认知也习惯性地停留在自己熟悉的范围内，所以，我们被信息包裹得非常严实，除非有触动心灵的时刻，否则想填充进去什么东西是很难的。可以这样说：信息不是越多越好。是否能有效地利用信息，发挥它们的作用，与我们的"信息处理器"息息相关。如果我们尽量收集有效信息，而习惯性排除那些无效或者无用的信息，很快，你所获得的信息就会对你的生活有所帮助。我们常常感叹有的人能够"一眼看透"顾客，其实这除了经验以外，都是信息掌握程度带来的效果。所谓的看穿，不过是已经将顾客的信息全部处理过后，提取了有效信息，针对客户拟定适合的方案而已。

信息的覆盖面究竟有多重要？如何去搜集相关的信息呢？

在销售活动中，销售人员所需要的信息往往分散在不同的"角落"里。不同客户的信息可以采用不同的方法收集，收集信息要因人而异。你可以寻找新的途径，找新方法。重要的是在收集信息前，选择适合自己的方法。充足的信息是打胜仗的保障。

个性定制调查法

调查法是信息搜集最常见的一种方法，也是主动获得信息必须的途径。

调查的展开要围绕你的调查目的进行，使得所有搜集来的信息都对结果有帮助。假设你需要为制定一个计划而进行调查，那么你究竟是看重信息的深度还是广度？这里我们强调必须有一个重点，我们不可能探究到思维的各个角落，有重点地进行更容易找到突破点。假设你面对的是一个全新的局面，那么需要动手进行调查的信息就非常多。所有的调查我们都要按照专题来进行，即为某个专题来进行信息搜索，这样从一开始就有一个明确的分类。不能从最后获得的信息来反推属于哪个专题，发生反推的情况均属于信息定位不准确。普查法和抽样法是最快获得粗略信息的办法。在这个基础上再进行书面的表格调查，或者电话调查以确定信息的真实度。

扩展信息的观察法

有时你所获得的信息只是表层的,无论如何也不能使你感到这些信息能够说服某些人。而从思维的角度而言,这些信息虽然是来自各个方面,即使是你亲自获取的,也不一定准确。拿自己不确定的东西去工作别人,是一件非常可怕的事。假设你碰到的是不懂行的人,不至于打击到你的信心。但是假设你碰到了行家,在不笃信信息真实性的情况下,可能出现这种情况:你说了很多,但是对方就是不信,你也无法将说服的进程推进。那么等于这次沟通只是耗费了彼此的时间,却没有实质性的进展。我们常常听到别人说:你再想想。你再看看。其实就是表示对你所传递信息的怀疑。

我们讲的观察法就是要求个人直接或者间接地对调查对象进行考察,以便获得进一步的认识。这个考察的过程中,不但要对信息进行搜集整理,还要对当时的实地情况进行记录,并写下自己当时的感想,心得和一些灵感。通过考察我们不但了解了信息的准确度还进一步熟悉了自己的调查对象。假设你不直接参与考察,只是通过搜集信息的方式间接进行也是可行的。

积累法带来质的飞跃

才智过人,记忆力超群的人在思维方面必然有着无可比拟的优势。历史上那些叱咤风云的英雄人物少有循规蹈矩之辈,特立独行跟他们的思维息息相关。思维直接影响着人的行动,你眼前那些说而不服的人可能和你的思路不同,这时需要有效的沟通,何为"有效"?就是要达到彼此沟通的目的。假设我们生来并非才智过人,那可以肯定地说,你一定会碰到许多才智过人者。而要在思维方面征服那些比你"强"的人,看似没有什么机会。而碰到强敌,却是提升自己的认识和改变自己思维的好办法。

- 当你面对一个比你强壮的人,你可以表现自己的口才;
- 当你遇到一个才智过人的人,你可以让他为你的修养折服。

避开正面的冲突,以长制短的办法,从来都屡试不爽。

你要赢得佳绩,只有在你的"特长"领域才是强手。

如果你没有专业之长,积累,便是克敌之术。

任何时候,只要顾客不是同行,你的专业水平就是沟通的砝码,是逻辑思维引导的航标。有效信息的日积月累,能提升你对职业的敏感度,对有效信息的意识,从而影响个人的专业水平。有的办法乍一看很笨,但是时日长后却最有效。我们要随时随地注意和自己的业务相关的各种消息,报道,情况。注意到这些不等于就完成了,进一步加工整理,获得一定的认知才是最重要的。我们看到那些成功的企业家都有读报,看早晚新闻的好习惯,甚至在于人的交谈、或者宴请客人的时候,都会留心与本企业有关的市场信息。

信息是十分宝贵的,信息中蕴涵着无数的机会,对于你我就像时间一样公平。

4　经营自己的长处

美国歌唱家卡丝·黛莉歌声甜美,天生有一副好嗓子,让无数的人羡慕不已。但是当我们看到她的形象时,却无论如何也对不上号,因为这位天才歌手却有着一口难看的龅牙。形象上的问题导致黛莉在成名前参加歌唱比赛总是力不从心,她总因想要掩饰自己的龅牙,而分散了精力。有一次一位评委注意到了她,鼓励她尽量把自己的长处表现出来,而不是总想着怎么掩盖自己的短处。卡丝·黛莉听后深有感悟,于是把注意力集中到唱歌上,那次比赛她发挥得非常出色,赢得了观众和评委的一致赞赏,并从此走上了歌坛。

我们在与顾客接触时,要尽量把对方的眼光转移到自己及产品的优点上来。

在交往过程中,就逻辑上来说,顾客一定会先了解产品的各种功能,然后找到和自己的需求吻合的部分,而产品功能与客户需求完全不吻合的部分,就成了顾客购买的障碍。

既然是客观存在的障碍,能够克服吗?

大多数人的思维就停滞在这个点上。

事实上，就像歌唱家卡丝·黛莉的龅牙一样，我们不需要攻克"龅牙"这个难题，而只需要将甜美的歌声完整地表达出来。

我们不妨看看那些歌手，除了卡丝·黛莉有龅牙有缺点以外，其他歌手就是完美的吗？

其他歌手也不是完美的，但是一样能够获得成功。这说明，观众购买的是他们的需求，而对于那些"瑕疵"是可以忍受的。就像我们手中的产品，有优点也有一定的缺点，那么——我们尽量不要将自己的和产品的缺点暴露给客户，而当客户揪着缺点不放的时候，你完全可以告诉客户：

相对来说缺点不是那么糟糕，其他产品也有。

我们产品的优点却是别的产品没有的。

而让客户更多地感觉到产品的优点。在一个直面缺陷的目光下，如何合理地将注意力转移到自己及产品的长处上，这才是思维的高手要玩的手腕。产品的实用性是前提，那么在这个前提下顾客即使察觉到你有意这么做，也不会觉得自己被欺骗，你只是在思维上将局势转换成有利于自己的一面。

物各有序，人各有位

美国科学家爱因斯坦曾在1952年收到以色列当局的信，邀请他就任以色列总统一职。这位犹太人，享誉世界的大科学家，没有丝毫迟疑地拒绝了。世间人人都在为前途奔忙，能当上以色列总统那是多少人梦寐以求的事，为什么爱因斯坦会拒绝呢？杰出的大科学家并不一定就会成为一位成功的政客，在政治与科学之间，爱因斯坦更适合留在科学领域。

第四章　如何用逻辑去"骗人"

假设你并不是一位口才出众的人,但是却能将各种产品的功用分析得非常清楚,这就是你不同于他人的优势。很多公司会在大会上表彰那些业绩突出的人员,鼓励人们要向他们学习。人们就会产生这样的想法:被表彰者业绩突出,是通过口才和人脉实现的。那么从众心理就驱使大家都向这个方向发展。但是事实上,每个人的成功都有个体的特点。不是每个人都能够通过努力到达别人的目标的。在他人成功的时候,我们要转换思路,看哪些地方是值得我们学习的。

诺贝尔化学奖得主奥托·瓦拉赫在进入化学领域前,曾进入格丁根大学学习,攻读文学。但是成绩却不太理想,老师认为他虽然非常用功,但是太拘谨了。而文学需要有充足的想象力,即使瓦拉赫拥有完美的品质,这样的个性在文学上也发挥不出来。

既然这样瓦拉赫只得改学油画,这次上帝又和瓦拉赫开了大玩笑。他对艺术的理解力不强,不善于构图也不怎么会调色,成绩是班上倒数第一名。校方给予他的评价是:"你是绘画艺术方面的不可造就之才。"在艺术领域的这个可以称之为非常"笨拙"的学生,大多数老师都认为他没有成才的希望了。只有一位化学老师发现他做事一丝不苟,这种品格正是化学实验所必备的。于是瓦拉赫又师从韦勒攻读化学,这一次转变将瓦拉赫的智慧火花一下子全点燃了,他的严谨使得他在这个领域获得了突飞猛进的发展,1910年获得了诺贝尔化学奖。这个"笨拙"的奇才正是找到了自己的位置,经营着自己的强项才获得了登峰造极的成就。

弱项资本

有的弱项可以通过努力转化而消失,但是那些固有的弱项,如:相貌,体格,病理等方面的差异,是无法改变。人人都希望自己表现出来的是强的一面而极力掩饰弱的一面,但是也有很多人懂得将弱的一面转化为力量。这就是弱项资本。这种资本是那些在这个方面是强项的人,所不能获得的。这种力量是心理资本,即心理财富。

西奥多·罗斯福42岁就任美国总统,是美国最年轻的总统,也是美国历史上最伟大的总统之一。然而,这位政治家年幼的时候却是一个颇有缺陷的人。小时候他非常胆小而脆弱,上课的时候被老师提问,会惊恐地站起来,双腿与嘴唇颤动不停,说话声音根本听不清。而且他的长相也不清秀,我们会以为像他这样有着龅牙,性格又很敏感的孩子会想办法回避多彩的生活,因为大多这样的孩子都有安静的性格,沉默寡言。但是罗斯福却不是这样,他拥有一种坚韧的奋斗精神。他并没有因为自己的缺陷而放弃努力,相反,这些缺陷反而增加了他奋斗的热情。面对他人的嘲笑,他更加挺直了腰杆,用他坚定的意志使自己在说话的时候不再颤抖。成长过程中,他通过这种坚强的意志,客服了与生俱来的许多缺陷。

在别人为自己的缺陷气恼的时候,罗斯福却把他们转化成了成长的资本。他一次次地用自己的方法战胜了这些缺陷,逐渐不再惧怕别人提起。

盖茨说:"我们尊敬罗斯福,同时,也希望能像他一样,为改变自己的命运做些努力。如果我们尝试着去做一件还有点价值的事,失败了,我们便借故来掩饰自己,那么我们就是在以自己的缺憾为借口。"

缺憾原来并不可怕，缺憾也可以转化成成功的动力。经营自己的长处，并将弱项转化成资本，这样的人还有什么力量能阻挡他成功呢？假如你不是一个臂力过人的人，何必非要成为举重运动员？每个人都有自己的特性，就像一个人在某些方面有着自己不可抗拒的缺陷，就根本没有必要较劲，而非要在这个方面与他人争高低。对那些我们不能做成功的事，没有必要在上面浪费精力。显而易见，那些懂得经营自己强项的人是睿智的。同时，也要学会承认缺憾，想办法把弱项变成资本。

我们越将长处经营得好，就越杰出。这种思路放在产品上同样适用，不要拿自己产品的弱点去和其他产品比，只要有一个相似的类比即可。

5　谨防在操纵他人中迷失

在一片大沙漠里,一位父亲正带着他的孩子们去猎杀骆驼。

当他们到达目的地后,父亲问大儿子:"你看到了什么?"

大儿子环顾四周后回答:"蓝天、白云,还有一望无际的沙漠,还有沙漠上的骆驼。"

父亲听完,不置可否,继续问老二:"孩子,你看到了什么?"

二儿子也四处看了看,说:"蓝天、白云、沙漠,还有沙漠上的骆驼和我们这些行人。"

父亲依然不置可否,继续问老三:"儿子,你看到了什么?"

只见这孩子看着远方,只说了两个字:"骆驼。"

父亲高兴地摸摸老三的头说:"你说得好,我们就是来找骆驼的。"

可以说三个孩子中,只有老三没有忘记这次来的目的。那么老大和老二则因为关注的信息太多了,反而分散了对目标的关注。

一个人闭上眼睛什么也不想,一分钟后睁开眼睛,回忆一下你这一分钟有多少个念头闪过。我们惊异地发现,有的人这一分钟之内有几十个甚至几百个的念头闪过,而念头少的人至少也有3-5个。一分钟就会产生这么多的念头，而停下来思考就更不用说了。我们要在这么多的念头中理清思路，看清真相真是一件不容易的事情。因为关注太多而忘记目标的事情，在我们的工作中屡见不鲜。很多人因为要做个汇报，于是罗列了大量的数据，做了很漂亮的PPT，最后却忘记了自己做这些的目的。

管理专家彼得·德鲁克1954年在《管理实践》中最先提出"目标管理"的概念，他认为，不是因为有了工作才有目标，而是有了目标才能确定每个人的工作。因此，企业的使命和任务应当转化为目标。假如某个岗位没有目标，那么这个岗位的工作就很容易被忽视。所以，管理者要通过目标对下级进行管理。当一个组织的最高领导层确定了目标以后，就要对这个目标进行有效的分解，把它们转化成阶段性的和个人的目标，这样，管理者下达的目标任务才方便进行考核。

在与他人的交流过程中，心中没有明确的目标，很容易在谈话中迷失方向。原本或许你怀揣着要说服他人的意愿，结果和客户谈的是其他不相关的问题。最后是被客户牵着鼻子走了。

凡事预则立，不预则废

哪些人最容易在操纵他人的思维中迷失？

没有目标的人和目标过大的人。

虽然那些没有为自己设立目标的人有时也会有所收获，但那带有很强的偶然性。为了避免在与顾客的沟通中迷失自己，我们要将目标设立得合理。这就要求我们学会将大的目标分解开，变成一个个小的可以看到结果的目标。这样在心理上才更有动力。

那些遥远而不切实际的目标会使人失去方向感，因为你很难搞清楚这次活动结束是否更进一步靠近了目标。目标过大，即使靠近了也感觉不到，那么没有靠近目标似乎对远大的目标来说，也不过是一点点偏差，你不会感觉它影响大局。人的心理就是这样，任何不确定的假设，对结果都是有损害的。

没有目标的人，做什么，不做什么，都感觉不重要，因为没有成就感也就没有压力，没有荣辱感。

斯通是美国最有名的销售员，他在20岁的时候搬到芝加哥居住，并开办了一家叫做"联合登记保险公司"的保险经纪社。虽然开业以后公司只有他一个人，但是他下定决心要把这个公司经营好。虽然在开业的第一天，他到热闹的北克拉街销售出去了54份保单，但是人们还是认为斯通的这个公司不可能做起来，他肯定坚持不了多久。

但是斯通却坚信，他一定还能卖出更多的保单。他来到祖利叶城每天平均能卖出70份保单。而斯通销售的最高纪录是每天卖出122份保单。他始终坚持不懈，最后不光在芝加哥和伊利诺伊州开辟了自己的业务，在其他地区也有了发展。

这应了我们老祖宗的一句话：凡事预则立，不预则废。要是没有目标，个人的业绩也得不到提升，公司肯定像大家说的那样，很快就完蛋了。所以，目标对个人的提升作用是非常明显的，有目标就有了追求，有了追求你就会去想办法。目标就是一种期望，它会带来实现期望的动力。

大到一次销售活动的组织策划，小到一次客户的谈话拜访，心中没有目标机会再好也没有用。

目标合理才能水涨船高

有些刚刚进入职场的年轻人，面对大客户的时候会慌了手脚，在交谈中被客户牵着鼻子走，最后完全丧失了"还手之力"。就好像跟客户的这次交往是一次探险，自己的招数用尽都不如客户来头大。这是明显是销售人员将个人的目标设立得太小的缘故，并不是个人水平高低的问题。

有个有趣的幽默故事，讲的是一个渔夫下海捕鱼，收网的时候他却把大鱼都放掉，只留下那些小鱼。有人感到很奇怪，问他为什么要放掉大鱼？渔夫回答："我家只有一只小锅，那些小鱼正好能放下。"

原来如此。

这与面对大客户慌了手脚如出一辙，认为自己没有能力消受大鱼，所以只能放弃。这是借用了现实里用某事物的局限性来度量自己能力的例子，这样的销售人员难以完成大任务，他们用过于小的目标来限制了自己潜能的发挥。再棒的业绩也是人做出来的，没有人规定新手就不能作出大的业绩。

我们可以把大客户这条"大鱼"分解成小目标来攻克，不让对方把自己搞得团团转。

客户的需求依然是第一位的，先弄清楚客户的需求是什么，根据客户的需求来提供方案。当然，如果是你是新手，你的服务和需要注意的地方很多，你担心不能服务得很周到也很正常。这时，你完全可以坦诚地询问客户，需要什么样的服务？顾客了解你希望能服务得周到，怕怠慢他们的心理，会觉得很舒服，也会对你增加好感。

用询问的方式来拉近距离，只要客户提出了要求，你便非常容易锁定范围。

第二步如何满足需求。假设你是保险业务员，刚结束培训对保险知识还没有完全领悟，这时可以请你的上级主管来协助洽谈。假如客户的需求不明显，只是试探性的了解行为，你可以在介绍产品的同时，介绍公司的实力，品牌的影响力等等。

不暴露自己想说服客户的心理，但也不要让客户牵着鼻子走，的确是一件非常难的事。只要你将说服客户这个大目标分解成小目标，在每次行动中调整自己的战术。我们甚至可以将自己的目标分解到每天的每个小时来完成，这样你不但不会迷失自己，效率也颇高。

大客户是你的练兵场，每个成功的销售精英都有过跟大客户"过招"的经验，他们能提升你的心智，让你水涨船高。有过这样的经历，以后面对其他目标，你的困惑就会减少很多。高山尚不在话下，小丘如何能阻挡你的脚步？

怎样有逻辑地说服他人

第五章

CHAPTER

利用信念来说服

1 信念是力量的源泉

1989年在美国洛杉矶一带发生了大地震，在短短的不到4分钟的时间里有三十余万人受到了伤害。在一片废墟中一个年轻的男人安顿好受伤的妻子后，便向他7岁儿子上学的学校跑去。他到达学校的时候，被眼前的景象惊呆了：那座三层教学楼已经倒塌，曾经欢呼雀跃的学生们被埋葬在了废墟下面。他的心立即收紧，感觉眼前一片漆黑，伤痛使他难以自禁地大声喊着儿子阿曼达的名字。

四周没有回音，男人被眼前残酷的现实打倒在地，痛哭起来。

突然，泪水流过脸颊，他的脑海不断出现自己常常对儿子说的一句话："不论发生什么，我总会跟你在一起！"

于是他抛开了痛苦和绝望的情绪，走向废墟。

因为他每天早晨都送儿子上学，所以知道孩子所在的教室的位置，他走过去开始动手挖起来。在他挖掘的时候，不断有其他孩子的父母匆匆地赶来，看到废墟后同样大声痛哭，然后被其他人搀扶回去了。他们带着希望而来，带着绝望离开。所有人都看到了正在挖掘废墟的男人，有些好心人以为他疯了，上前劝阻他，但是他没有放弃。

一位赶到废墟来的救火队长拦住了他，对他说："你这样做太危险了，这里随时可能发生爆炸,请你离开吧。"

男人问救火队长:"你是来帮我的吗?"

救火队长无奈地走了。

警察赶来了,劝阻他:"我们知道你很难过,但是这样做只会增加你的危险,快回去吧。"

男人又问警察:"你是来帮我的吗?"

人们都听到了这句话,以为他真的疯了,叹惜地离开了现场。

但是只有男人知道,自己没有疯,他心中只有一个念头:"孩子在等我!"

他的手流血了,身上到处褴褛不堪,8个小时过去了,12个小时过去了,一天过去了,没有人再来阻拦他。等他挖到38小时的时候,他听到了孩子的声音:

"爸爸,是你吗?"

是儿子的声音,是阿曼达的声音。

男人大声喊着儿子的名字,心中顿时狂喜。他一边安慰着孩子,一边加快速度。

阿曼达说:"我对同学们说不用害怕,我爸爸一定会赶来救我们的,因为他曾经说过无论发生什么,总会和我在一起的。"

"是的,我的儿子。你们现在怎么样,还有几个孩子活着?"

"我们14个人都活着,藏在教室的墙角呢。地震的时候屋顶塌下来架住了,我们没有被砸着。"

男人赶紧大声呼救:"快来人,这有14个孩子还活着!"

是什么挽救了孩子们的生命?——信念。

信念能产生如此大的力量，我们不得不为此惊叹。语言说服不了人们来帮助自己，男人用行动来证明了信念的力量。人生会遭遇无数挫折和打击，是什么支撑着人们继续活下去，并奋发图强？是美好的明天，是亲人的关爱，实际这都是我们生存的信念。信念的力量是伟大的，它推动着人们不断地进步，也正是因为我们心中存有信念，才能创造出一个又一个奇迹的。

相信自己，别人才会相信你

新团队的组建初期最容易碰到的问题就是：缺乏信念。大家都不知道这个新团队最后会发展得如何，有很多风险和不确定因素。面对这种局面当务之急不是用铁的纪律来约束人，而是给团队成员植入信念，让他们觉得一定能行。当团队有了强大的信念，才会有凝聚力，才能创造好的业绩。

据调查，在与客户的实际交往中，我们与客户都过多地关注了产品的功用，客户没有建立起对公司的信任，和对销售人员的信任。所以经常会发生顾客虽然对产品比较满意，但依然下不了购买的决心。这时就需要我们为客户植入产品的信念。我们看到有的销售人员辞职后去了其他公司，却能带走大量的客户。而他们走了以后也不一定会经营原来的产品，顾客却一如既往地信赖他们。这样的人在任何一个行业里都存在。

为什么客户如此信任他们？

究竟他们给顾客灌了什么"迷魂汤"？

其实顾客的思路很简单，当他们与销售人员洽谈成功以后，在使用产品和后来的维护过程中，对销售人员的工作有了充分的肯定。这样，即使销售人员改换门庭，依然不影响他为顾客提供这种优质的服务。这才是最成功的洗脑。

一次性交易不是我们的最终目的，要长久地维系客户关系，使得双方利益最大化。

种下可信赖的种子

信念是如何生根发芽的？当你过滤掉所有否定的声音时，当那些否定的声音在你的耳畔变得无足轻重时，信念就已经开始发芽了。

美国一家糖果厂使用一个牌子的阀门已经有25年的历史了，销售人员卡尔森知道这一点，但是他坚信他一定有机会改变现状。

某日午餐时间，他正好碰到这家糖果厂的总机械师，他只简单地对总机械师说下午两点要到厂里去见他。总机械师似乎没有听到一样，径直走了，卡尔森相信他一定已经听清楚了。

刚到两点总机械师走进会客厅，看了一眼卡尔森，卡尔森赶紧请他坐下来，并问他："贵厂用的阀门是否有泄露？"

总机械师没好气地说："这是总工程师该管的事，你去找他吧。"

卡尔森似乎根本没听到他的话，接着说："哪种设备上的阀门泄露得最厉害？"

总机械师说："当然是焦糖蒸汽机罐上的泄露最多。"说完，他很不情愿地补充："但是买阀门不是我的权限，你得找总工。"

卡尔森感觉机会来了，他不慌不忙地打开包，拿出自己带的样品让总机械师看。并一边介绍说："我们这种阀门采用了新技术，在特硬底座和堵盘之间垫的是修剪好的薄钢片，所以这种阀门是绝对封闭的，不会出现泄露。"

在总机械师仔细查看阀门的时候，卡尔森又不失时机地问："贵厂使用的阀门是多大尺寸的？"

总机械师明显对新阀门是有兴趣的，他告诉卡尔森尺寸后依然坚持说买阀门的事情不归他管。于是卡尔森想如果要突破他们公司的这个规定局限，只能用事实说话了。只要争取到试用新阀门，何愁以后不会购买呢？

于是卡尔森说，您只要拿一张采购单填写要购买一只阀门，用这只试用的阀门就能把泄露的情况全部解决掉。总机械师动心了，毕竟是购买一只阀门，而且是试用产品，完全无碍于自己的权限。当总机械师填好单子递给卡尔森走出去，卡尔森心中有说不出的高兴，因为这个厂使用一种阀门25年无人可撼动的历史被他打破了。

看到你不会因为一个"NO"字，而否定自己的时候，对方反而对你多了一份信任。我们自身的信念对顾客的影响是非常大的，试想：你不相信自己，又如何让他人信任你？

所有的人在成功的道路上都不是一帆风顺的，必然会遇到挫折失败。坦然面对它，把这种负能量转化成正能量。走过这个槛，你会发现原来顾客的拒绝并没有那么可怕。而走过这个槛，你发现顾客对你原本是有信任度的。

2 最具有说服力的价值观——诚信

北宋词人晏殊，自幼聪明好学，5岁就能创作诗，被人称为"神童"。晏殊为人非常诚信，在他14岁那年，有人把他推荐给皇帝。皇帝召见了晏殊并让他与千名考生一起参加考试，他发现试题自己几天前练习过，于是禀报真宗要求换题。晏殊诚实的品质得到真宗的赞赏，被赐进士出生。晏殊所处时代天下比较太平，当时的官员们有种习惯，喜欢在酒楼茶馆举办宴会，或者到野外郊游，吟诗作对。晏殊家比较贫寒，很少去参加宴会，而是常常在家读书写文章。这些事被真宗看在眼里，于是选晏殊做了太子师。群臣都迷惑不解，论才论辈晏殊都排不上。真宗解释，群臣都在外游玩赴宴，只有晏殊能静心读书作文章，这样有才德的人最适合做太子的老师。晏殊听后并不以为荣，而是如实相告："我因为家贫，无钱外出游玩而已。"群臣听后反而被晏殊的诚实打动。

有很多时候，无声胜有声，而在此时，实话听起来比任何冠冕堂皇的解释更让人信服。

我们常常在碰到难堪的事时，不停地解释，其实这个时候不如嘲笑自己几下，自贬是给自己台阶。当人们听到你解释的时候，会感觉你的心理不成熟，或者被当时的环境局限住，不能跳出事情本身这个圈子。而自己给自己台阶下，则给人以平实，心胸豁达的印象。

对顾客的守信会带来怎样的效果？——信任。

无论你意图何在，人永远不会讨厌诚实守信的人。

建立信用机制

我们的信用机制不是在银行的时候才有用，在职场上有那么多心机深厚，思维敏捷，口才超好的人，我们凭什么能在与他们的竞争中胜出？而顾客仅仅会看产品就对你产生信任吗？

我们看看客户的心理：

据美国纽约销售联谊会统计，有70%的人之所以购买你的产品，是因为他们喜欢你、信任你和尊敬你。所以，诚信是最好的营销，信誉是最佳策略。

你可以强化自己的信用机制，建立自己对顾客的信用机制。

我们知道准时是一种诚信，强化准时这种信用机制会带来什么效果呢？

有位年轻的销售人员见客户的时候总是带着一个闹钟，如果客户愿意坐下来交谈10分钟，他就会把闹钟调好，10分钟以后提醒结束谈话。每每与客户谈到重要环节，闹钟响了，他便会非常歉意地起身告别。这时，大多数客户都会建议他继续说下去。而他也会礼貌地回复："那我再打扰您一会。"也有许多客户听到闹钟响时感到很吃惊，他会非常耐心地解释："刚才说好打扰您10分钟，现在时间到了，我告辞了。"这个年轻的销售人员给人的感觉就是非常守时守信。

诚信渗透的心理战术

万向集团的美国总裁倪频为客户介绍产品的时候很客观,他总是会把优点,特点和不足之处都说得明明白白。当时很多经销商习惯看产品优点来估计市场需求,凭经验采购,对产品的不足并不太放在心上。

有一次他在为经销商介绍完一款产品后,发现一位经销商采购了大量新产品。于是倪频亲自打电话与经销商沟通,希望他根据市场的情况分阶段来预定货物,免得一次订太多销售不出去会积压在库房里。

但是没有想到那位七十多岁的经销商很生气,他认为倪频的年龄尚不到自己的一半,经验根本没有自己丰富,却对自己进行劝告,他感到那是对他能力的怀疑和人格的侮辱。

虽然口头的劝解没有达到效果,秉着为客户着想的心理,倪频再次通过书信的形式告知那位美国经销商,但是这位倔强的老人还是拒绝接受倪频的建议。

一年后的一天,这位美国老人打电话给倪频,告诉他自己当时判断失误,现在产品还有大量的库存,问倪频是否能帮忙收回产品。倪频没有丝毫的犹豫,很快就收回了顾客手里所有库存,并调换了新货给他。

后来,有销售人员向这位美国老人推销同样的产品,价格比万向销售的还低30%,但是这位美国老人依然采购倪频的产品,并给倪频介绍了很多客户。

后来倪频专门感谢美国老人,老人握着倪频的手说:"不要谢我,你要知道你在我心中是多么重要,我非常非常感激你。"

信誉洗脑

信誉来自诚信，没有诚信就没有信誉。在今天竞争日趋激烈的环境下，越来越多的人意识到了这一点。信誉是许多大企业立于不败之地的保证，而这种信用的建立不是立竿见影的，要从微小的事情做起。做到诚信并非易事，但长远来看，违反诚信的人最终是无法在一个行业里风生水起的。

齐格拉是美国著名的销售专家，他认为假如一个人的心术不正，说服客户用高价去购买质量不合格的产品，这种行为的本身会产生三个副作用：

1．顾客在损失钱财的同时，也失去了对他的信任；

2．这样的做法是对自己的不尊重，甚至可能因为顾客的投诉而失去这份职业；

3．容易使顾客对他所在的行业产生怀疑，使整体行业的形象和声誉受到损失。

我们在心理上总以为，假如说真话，会失去客户的信任。事实正好相反，说真话会使客户更加信任你，从而对产品的瑕疵也报以可忍受的态度。

诚信的培养要做到三点：

1．切勿夸大事实。对不太敏感的问题，诚实更容易让人接受。

2．不为他人掩饰。当有人需要你帮忙说谎，尽量不要参与进去。如果真相败露，不但他无法独善其身，你也会被拉入难堪的境地。

3．三思而后行。这一点对我们非常重要，冲动是魔鬼，未经过思考的决定会带来很多麻烦。虽然迟疑会让一些人感觉你不够果断，能力不够强，你可以用良好的结果来反驳。

第五章 利用信念来说服

秦朝末年有个叫季布的人，他总是说到做到，信誉很高。很多和他交往的人都跟他做了好朋友。后来项羽让他率兵攻打刘邦，曾数次让刘邦受窘。项羽在垓下之战失败后，汉高祖出千金悬赏捉拿季布，同时下了命令：有胆敢窝藏季布的人，灭三族。

那时季布正好躲藏在濮阳一个周姓人家里，这位周姓朋友不但没有被重金诱惑，还冒着灭九族的危险来保护他，使得季布免遭杀身之祸，成语"一诺千斤"就是从这里诞生的。

诚信是一种最容易建立稳固关系的价值观，正如得道多助，失道寡助，能获得大家的尊重和情谊，比什么都重要。而根植于对方心中的诚信印象，会改变他们对你的看法，对你所在行业的看法。有时候我们发现同样一款产品，有人卖出去后这个顾客再没有音讯，而有的产品卖出去后，顾客再次光临依然会找同一位销售人员。人与人能友好地交往不一定是外表和才能造成的，更多是源于真诚。

那些视真诚为"傻"的人，反而难以建立良好的信用机制。

3　有预谋地迎合某种观念

当我们谈了许久的顾客，总因为某些小小的因素不愿意签单。那些你介绍给他们的产品，他们都熟悉了，却突然在看到某款产品的时候，直接掏了腰包。这种现象屡见不鲜，引用爱情观来解析，似乎是青菜萝卜各有所爱。其实这是先入为主意识导致的，在思维领域里可以找到合理的解释："观念为王"。那些已经深刻植入顾客脑海中的观念发挥了大作用。他们购买的是一直都熟悉或喜爱的种类。我们在与人交往，在销售产品的时候，何不尽早占领这块土地，种植适合的绿植来迎合这种观念呢？

给从众心理设套

人都有从众心理，这种心理在独自一人的时候表现不明显，在集体活动下才会暴露得更充分。

我们看到很多人一个人的时候，能够做到理性消费。但是在节假日尤其是人比较多比较热闹的情况下，就会出现感性消费。有时会购买一些现在用不着的商品，可能出发点只是别人买了，自己也想买。或者是看到其他人买的商品较为美观，所以自己也很想要。心里大多在想，反正大家都在买，应该差不了的，如果会上当，也不是只有自己上当受骗。这也就是我们所说的"跟风"。

跟风很难说好不好，这种心理在消费过程中是普遍存在的。人们喜欢凑热闹，又因为凑热闹而变得开心，所以当人们看到某商场门口人们成群结队购买某商品的时候，也会有想加入进去的冲动。

而对于销售人员来说，这种心理对自己的营销工作是非常有帮助的。既然客户有这种感性的消费要求，那么何不为此设计一个好的机会，有目的地迎合顾客的这种心理，达到好的业绩。

日本有位叫多川博的企业家，他刚开始创业的时候，做雨衣，游泳帽和防雨斗篷，尿布等生意。这些日用橡胶制品的销售业绩非常一般，惨淡经营也没有大的利润，而且销量非常不稳定，有一段时间一度面临倒闭的困境。

有一次多川博从人口普查表中发现日本每年有250万婴儿出生，假设每个婴儿每天用2块尿布，250万个婴儿一天就要用500万块尿布。这给了他启发，于是从那个时候开始，他就专心做尿布生意，越做越专业。多川博采用新科技、新材料，确保质量，并且在宣传上花了很多精力，希望投放市场以后引起巨大的效应。

但是和许多企业家经历的一样，在这种质量上乘的新尿布面市的时候，并没有受到人们的广泛关注。多川博的公司生意非常惨淡，快到了入不敷出的地步。焦急万分的多川博想了一个好办法，让自己的员工假扮客户前来订购。员工们自发在公司门口排成长队，路过的人都很好奇，大家互相问："那是卖什么的，那么火爆？"得知是在卖尿布，很多人抱着试用一下看效果如何的心理加入进来。多川博成功地营造了一种尿布旺销氛围。前来排队的人越来越多，更加吸引了从众心理比较强的客户。这样的情况出现了几次,且多川博同时在几个地方进行。

过了没多久,人们逐渐认识到这种尿布的好处,于是多川博终于获得了一批稳定的客源。多川博正是用这种从众心理叩开了消费市场的大门,当然产品质量过硬是后续客源的保障。

业务越做越大,多川博的公司生产的尿布开始出口他国,卖往世界各地。公司盈利也越来越高,有一年公司的年销售额达到了70亿元,而且每年还以20%的速度在增长,多川博很快就成了闻名世界的"尿布大王"。

日常我们都会接触到广告,广告的投放正是迎合消费者从众心理的一种方式。商家利用广告制造产品威望,甚至不惜重金请来明星做宣传,加大知名度。这些广告和宣传利用了人们的从众心理。当一个人有需求却没有购买主张或者判断力不强的时,容易受到别人的影响,会"迷信权威"。这些广告和明星效应使客户心理上得到了一种安全感,从而成功地帮助企业获得了利润。

给占便宜心理设套

无论谁买东西,只要是付出了金钱,都会觉得商品贵。因为支付这个动作,意味着投入。所以在买卖活动中人们都知道这样一句话:客户要的不是便宜,而是占便宜的感觉。比如商品的打折活动,给了客户占便宜的感觉,客户就很容易接受产品,所以精明的人会想办法让客户"占便宜"。

顾客"占便宜"心理表现在哪些方面呢?

某女士非常喜欢香水,而香水的价格各地不一。当一位女士发现某网站的香水比其他地方的价格便宜时,她会一直光顾那个价位相对便宜的店铺。当这位女士想用较低的心理价位购买其他品牌的时候,如果商家不同意她就不买了，这样商家就很尴尬。顾客在整个营销活动中占据了主导地位，商家非常被动。为了改变这种局面，我们可以先发制人。

假设这位顾客要购买某品牌的香水，而价位与她的心理价位差距较大。我们可以说："我们已经是以清仓的价格卖给您了，不信您看看某某商场，这个牌子从来不低于8000元。"顾客的思路就会被引导到某大商场，而你这里是清仓的价格，虽然与顾客的心理价位差距较大，但是顾客很容易感觉到自己已经占了大便宜。因为顾客一般不会对商品的真实价格追根问底，他们的购买动机只是想买到便宜的商品。我们主动让顾客占便宜，顾客一般不会再进行价格的商讨，所以也减少了出低价或者不购买的风险。这样主动让顾客占便宜的活动各地屡见不鲜，很多商场要求商户在周末推出几款优惠商品，在节假日优惠的力度更大一些，以此来吸引顾客。这也是为了迎合顾客的占便宜心理。

但是顾客对价格非常敏感，虽然占了便宜，还是会怀疑"为什么给我这么便宜的价格？"如果这个问题得不到答案，那么顾客很快就会对优惠价格产生怀疑。我们一定要预先对这个问题有一个好的设想。我们可以这样说，比如："商场要求降价，本来这么好的东西什么时候也不会卖这个价。""厂家打折，是为了更好地服务老顾客。"等等，顾客得到了满意的答复，就不会再有疑惑。

占便宜心理很常见，各大商场打折促销的时候，来往的顾客必然比平日多。同样的东西能花更少的钱会让顾客记住商场，并诱发第二次购买行为。而同样的东西多花了钱，会让顾客对商品"敬而远之"。这种对价格的差异性要求，对我们来说无疑是很好的机会。优惠是推动销售最典型的例子。

在实际的工作中，你的让价是有底线的，而顾客的心理价位却是没有底线的，这才是我们最苦恼的问题。

假设品种产品已经是最低价进行销售了，厂家是不允许出现"低于成本价销售"的，这时究竟该如何？

我们可以告诉客户"已经是成本价了"，请客户理解，但顾客的占便宜的心理却没有得到满足，实际的需求会促使客户购买，但是没有硬性需求的客户可能会放弃。这时，我们不如给客户一些其他的实惠。比如，赠送一点小礼品，给予优惠券等等方式，很容易消除顾客对"已是成本价"不能再让利的不满意心理，反而会感觉你很为他着想。

身在职场，不能不学点心理学"防身"，懂得顾客的心理对营销很有帮助。

第五章 ▶ 利用信念来说服

4　附和策略攻破心防

只要提到附和人们就会产生"讨好、攀附"等想法，其实附和更多的是为了排除异议，更好地开展工作。任何人一生之中都会有这样的时候，因为人需要认同，而认同的表现就是点头和赞美。对与自己意见相左的顾客，尽量不要发生冲突，你可以不认同他的观点，但是不要表现出来。当顾客提出一个观点，你不同意而进行反驳，那么顾客必然会继续解说。这样就造成了两个观点不同的人，为一个彼此意见不一的事情进行争论。争论的结果可能是两败俱伤，在一方不服气另外一方的情况下，失去了合作的基础，就很难进一步开展工作。

当顾客提出新观点或者你并不赞同的意见，完全可以附和一下，让顾客心里感到舒服。那么附和的作用就非常明显——起到了调节双方关系的作用。那些看似没有什么"个性"的营销员，反而善于利用附和策略，给自己的工作加分。在工作中我们更多地是在发挥自己的才干而非个性。

看戏的时候我们会在精彩的地方喝彩，鼓掌，以示对节目的赞同。而演员听到鼓掌和喝彩声会感到自己的辛苦得到了回报，就会更加投入地表演。假设演员在做精彩的表演，观众却没有反应，这样整个戏演员或感平淡无味，或心惊胆战，或感到沮丧。而无人喝采也会使观众觉得乏味。

在什么时间喝彩也是一门艺术。那些在恰当的时候喝彩的人，才是表演者的知音。而不懂却乱喝彩者，只是瞎高兴。附和也是一门艺术，在精彩的时候奉上，会得到意想不到的效果。而在不该附和的时候奉上，会给人拍马屁的感觉，甚至才学不高的印象。

掌握附和的时机

什么时候该附和他人？不是任何人都喜欢对方附和自己。但是交往中附和是一种谦逊和礼貌。附和的时机对了，即使那些不喜欢被附和的人，也会感到很舒服。附和的时机很重要，其实在与顾客的交谈中，只要你在认真地听，就会发现，对方语气的某些特殊的停顿，是一种暗示。这个时候进行附和，很容易使你们的谈话投机起来。当你掌握了对方谈话的节奏，不失时机地进行附和，对方会感到交谈很顺利，彼此的认可度也会相应地得到提高。

而对方如果滔滔不绝，讲得离题千里，怎么附和才能让对方赶紧勒马呢？交谈时话说过了头，听话者就会很尴尬，这时若说者没发觉，听者再继续附和，等于是给对方鼓励，使得对方更有兴致了，甚至敞开心扉来交谈，可能会暴露隐私。这种情况我们需要做的事情是稍微减少一点附和词，并对隐私不发表任何意见。当对方的思路逐渐转到现在的谈话上，再在附和的时候捎带地将一些产品的信息导入进来。正确的引导会使得顾客在谈话后对你产生好感，假设你过多地附和，反而鼓励了顾客暴露更多的隐私，可能隔一段时间顾客想起来，会对此产生悔意或者怨恨。

善用各类"表情"词

在听顾客说那些无足轻重的话时，或者在顾客讲自己的购买历史的时候，我们可以简单地用"哦"来应承，表示"我在听"。

各地习俗不同，要习惯因人而异。有的顾客不希望自己在兴致勃勃地讲话，对方却用一个简单的语气词"哦"敷衍他。碰到这种情况我们才需要考虑是不是适当地迎合顾客的话题。在美国，听者一般会用"哦"来表示自己在认真听对方的话，而在日本，假设对方在说，你只是简单地回应"哦"的话，他们会觉得受到轻视。在日本"哦"这个语气词只能是在听职务级别低的人的谈话时，才可以起到附和作用。

在与顾客交谈时候，尽量少用"是吗？"这个反问词，反问语气似乎是在质疑顾客的谈话内容，敏感的人会觉得你有轻视的心理，会导致对方的抵触情绪。而附和的时候完全可以换一个肯定的词："这样啊。"顾客会认为他的表达到位了，可能会产生被认同感。

附和他人的行为暗含有人与人之间相互包容谦让的意味，千万不要为了附和而附和，使得对方感到你不尊重他们。尤其要避免那些完全无重复的附和词，对方会感到你根本没有倾听的诚意，甚至有些不耐烦。

不存在最好的、最棒的附和语，任何附和语运用得好坏，都是看它是否适合当时的环境。顾客需要的附和语是要能给他们带来好心情的，理解他们的。比如，顾客一直强调质量，对产品有很多要求，并热衷于表达自己的需要。这时我们可以附和说："是啊，品质带来好生活，正巧我们有一款在这方面市场表现很棒的产品。"在附和中不失时机地迎合顾客的胃口，抓住顾客说话的要点来进行重点营销。

附和能够产生共同的心理感觉，做个"会听"者至关重要。因此，我们首先要成为一个听话高手。在听顾客说话的时候，不能表现得一听就明白了，会让对方感到你太容易"了解"对方，而产生担忧，不敢多谈。而如果你明明不清楚对方说的是什么，却装作很理解对方的样子，顾客对这样的听众也非常反感。

　　如何才能掌握好度？建议我们亦步亦趋。无论何时，作为听众我们都不能取代顾客的主导地位，不要在谈话过程中逐渐成了主角，使得顾客感到难为情。投入地听，适当地发表意见是最好的办法。

　　一个会听的人，不但能帮助顾客把话讲下去，还能调节好双方的关系。高明的听术才是交流成功的基础。附和策略使用得当，顾客愿意对你敞开心扉，很多你所需要的信息都不必采用问答形式进行，这也保证了沟通的正常运行。

5　装糊涂的应对方法

顾客虽然有从众心理，爱占便宜，我们给予了此类的满足，到了快要签单的时候，顾客却突然变得高深莫测了。其实我们都明白，在我们面前的客户并不是高深莫测的，只是客户在装糊涂。一旦装糊涂，就显得高深莫测了。其他时候不要紧，但是在签单的时候装糊涂会让人很头痛。打心理战术，玩高深，就让人难以捉摸。

其实万变不离其踪，还是价格搞的鬼：

这时，我们要反思自己是否承诺过什么没有兑现，这是顾客反悔最常见的原因之一：

1．顾客记着优惠而忘了条件，总希望你无条件给予优惠。

2．优惠有时间限制，过了时间限制没有得到优惠而不想付款。

3．也有可能是你催促得不紧，让顾客感觉自己未被重视。

在交谈过程中，我们一定要注意信息的传达是否到位，尽量少谈题外话，想办法强化客户头脑中产品的各种促销措施，优惠限制条件等等，尽量不要等到付款前才重复。因为优惠的具体信息，条件，数量等等顾客很难记清楚。而在交谈过程中我们如果过多提到优惠措施力度，会使得顾客忽视掉优惠的前提条件。最后，顾客会坚持认为自己没有听错、记错。即使其他方面都已敲定，在这个环节上顾客不肯退让，也会令人为难。

慎用口头承诺，促使客户守信

很多行业都流行着口头承诺，也有很多长期合作者愿意用这种简便的方式，避免路途和程序的折腾。这些口头承诺看似简单，实际却是建立在信用体系之下的。双方存在互利关系，有相互依存的需要，这时，局面相当于两个人在合作。而如果其中一方食言，另一方的利益就会受损。那么，如果这不是误会就是他们将不再合作的前兆。

对于新客户而言，彼此之间没有信用关系，买不买，签不签，其实决定权始终在顾客的一边。这种买方市场的状况，对营销员和业务员是一种严酷的考验。只有当新客户成为老客户，在维护方面才会减少此类摩擦。

面对已经被说服的新客户不愿意签单，装糊涂的局面，我们心中一定要清醒。如果是服务不到位，顾客最多在签单的时候抱怨几句，或者会提出一些小要求。但是已经同意签单的顾客装糊涂，我们一定要回想自己是否对顾客有过口头的承诺。或许你当时只是随意说的，但是顾客却可能就认定了。除了不轻易作口头承诺，只要做了就要兑现以外，要注意口头承诺的时机，一般都要等到顾客亮出底牌后再进行。否则当你做出承诺，可能顾客的需求也随着承诺水涨船高，既然已经占到便宜了，何不再进一步试试？

促使顾客慎重承诺

当我们遇到一个不爱承诺的人，对方对你的承诺不轻信，那么你承诺的动力就会减少。同理，当我们能做到慎重承诺的时候，顾客也能感觉到，只要说出来的话，就要兑现，否则他们自己也会感到尴尬。

也有很多顾客做出了承诺却兑现不了，最后不得已而放弃购买行为，那也是一种对个人自尊和威信的保护。所以，不要因为得到顾客的承诺而开心得太早，当他们做不到的时候，也会放弃的。当顾客口头作出承诺，我们感到承诺能够兑现，不会为难顾客，可以视为慎重承诺。而当顾客只是一时兴起，作出承诺，我们也不进行甄别，立即敲定，可能当客户想起其他因素不能兑现承诺的时候，感到非常为难。不如，我们在顾客作出此类承诺时，不失时机地提醒顾客，是否有没有考虑进来的因素。

哪些承诺是可以兑现的？双方都有契合点的，在时间，地点，款项方面都没有问题，有把握顺利进行的时候，这样具体地能够谈到细节并认定能实施的承诺，阻力非常小。只要双方配合度高，就可以兑现。

假设当你面前的客户明明公司不适合一次性购买量过大，库房又比较小的情况下，一定要一次性定大量的货物，而到时货物进库，发现存放空间严重不足，这时，还得你想办法。所以别担心一句提醒会伤害到顾客的自尊，也别担心一句提醒就使客户发现资金不足，不能如期购买产品。如果提醒伤害了顾客的自尊，你可以真诚地进行解释。如果提醒让客户发现资金不足，不能如期到账提走货物，这时顾客反而会感激你，待资金充足再与你联系。提醒总不会有错误。慎重对待承诺，使得顾客感觉你并不仅仅是为了完成这次任务，而是一个慎重的人，是为了客户好。

除了优惠力度不够，双方都有原因造成承诺没有得到兑现以外，还有一些未知因素。

未知因素有哪些？为什么实际情况可以兑现承诺最后却"黄了"呢？大多是人的性格习惯和行为习惯造成的。有的人原本就是所谓的"慢性子"，做任何事情不瘟不火，或者习惯拖延，这两个类型的人是最难对付的。一件原本有约定时限的事情，他们会找到这样那样的借口拖"黄了"。这类顾客大多是能够兑现承诺的，只是购买的意图不是太明显，所以不等快要用了，是不会主动联系你的。所以我们只能打电话催促，尽量促成签约。

明确回应不守信行为

对于顾客承诺了而且能兑现的事情一拖再拖的情况，该如何应对呢？这类顾客心理上大多认为这是一件小事，对自己也不会造成什么影响，所以能按兵不动。而营销员生涯中会经常遇见这样的客户，虽然你辛辛苦苦说服他购买，但是到了最后却因为这样那样的因素"黄了"单。争取主动是应对这类事件最好的办法。我们不要因为害怕得罪客户而不敢明确地提出来，你越回避，他们越感觉你也不是很重视。我们态度明确地提出请求，让客户不要失信，否则会造成两个后果：

1. 我们为顾客辛苦地服务，又搭上车费，花销，时间等等，客户却无动于衷。明确说明希望客户尊重我们的工作，客户听后也会发现自己行为的不妥之处；

2. 告诉客户如果继续这样拖下去，自己跟领导没有办法交代。另外，工作完成得不好，也会挨批评。

我们要敢于要让客户明白，你对他的失信感到不满。而这个后果，在以后的业务来往中，如果经常出现会影响顾客正常收益，对客户是没有好处的。

顾客的糊涂有奥秘，揭开奥秘还要靠观察，只靠嘴巴上讲大道理是行不通的。多想想，多观察，客户的心理满足了，你的应对到位了，事情就成了。如何引导客户是我们自己的事，切勿让一个长期拖延又爱食言的客户养成对你失信的坏习惯。

怎样有逻辑地说服他人

第六章

CHAPTER

让人笃信你的奥秘

1 提升说服力的有效途径

《战国策》中《秦兴师临周而求九鼎》中颜率以自己的口舌完成了百万军队也难以完成的事。一言可以兴邦,一言可以救国难,言辞具备登峰造极的魔力,可见一斑。

秦国准备攻打东周,并索要东周国宝九鼎。兵临城下之时,周国国君忧心忡忡,食不知味,赶紧召集群臣商量对策,如何退敌。颜率有良方,对国君说:"君王不必忧虑,我可以去齐国借兵来救国难。"

于是颜率到了齐国,对齐王说:"现在秦国国君暴虐无道,举兵前来进犯我国,还索要国宝九鼎。我东周君臣商议,最后一致认为——与其把九鼎送给暴虐的秦国,不如把九鼎送给贵国。齐国若出兵挽救危亡国家,必然会美名远扬,赢得天下的赞誉和认同。假如九鼎成了这样国家的宝物,恐怕是国家的大幸呀。希望大王努力争取。"

齐王听了,非常高兴,立即派遣5万大军,任命陈臣思统帅前往东周解困。

大兵未到,秦军闻讯果然撤兵。

秦国撤兵后,齐王问颜率要九鼎就顺理成章了。当齐王张口,周国国君又一次忧心忡忡了。颜率说:"大王不必担心,请派我去齐国解决这件事。"

于是颜率来到齐国，对齐王说："我东周仰赖贵国义举才得以保全君臣父子平安，因此，心甘情愿把九鼎送给大王。大王想从哪条道把九鼎从东周运回齐国呢？"

齐王说："从梁国运过来。"

于是颜率说："不能从梁国借道，因为梁国的国君很早就想得到九鼎了，他们谋划已久，从梁国借道正中下怀。"

齐王听了，说那就借道楚国吧。

颜率又说："这也不行，楚国国君为了得到九鼎，已经在叶庭谋划很久了。假如九鼎进入楚国，必然会被抢掠走。"

齐王说："那你说我究竟应该走哪条道把九鼎运回来呢？"

颜率说："我们也在考虑这件事情。九鼎不是个小罐子，不能拎，也不是千里马那样的活物可以驱赶过来，当初周武王伐纣，得到九鼎以后，为了搬运一个鼎就动用了9万人，现在是运回9个鼎，势必要动用81万人。除士兵外，还有工匠不计其数，此外还需要搬运工具，物资等等，即使大王现在有这样的财力物力，也不能保证从某个国家借道不被偷袭，所以，我们非常担心。"

齐王听了说道："贤卿多次到我这里来，说来说去，还是不想把九鼎送给我啊！"

颜率赶紧解释："我怎么敢欺骗贵国呢？只要大王能解决从哪条道搬运九鼎，我东周君臣立即就听命令迁移九鼎让贵国搬运回来。"

齐王听后，打消了搬运九鼎回国的念头。

东周作为弱国完全不是秦国的对手，只有借助他国之力才能解救自己。而拿什么作为交换条件呢？九鼎。真的将九鼎送予他国，心有不甘，而假设不送又无法救国难。颜率采用了一个两全其美的办法，送九鼎，但是对方又搬不走，自己就没损失。如此一来，送这个行为是真的，对方不会觉得自己被欺骗。但是受赠者却根本搬不走。全凭颜率的一张嘴，就解除了东周的围困。让人不得不佩服颜率的智谋，使得齐王即出兵解困，又打消要九鼎的念头。语言有时候比兵器的威力更大。

如何提升语言的说服力？

有效说服别人的六项原理

罗伯特·西奥迪尼是一位著名的心理学家，他的作品《影响力》广受好评。他总结出六大原理，帮助人们有效说服别人：好感原理，互惠原理，社会影响力原理，言行一致原理，权威原理，稀缺性原理。我们介绍前三个：

"好感原理——人们喜欢那些欣赏自己的人。这项任务可以通过发自内心的赞美来完成。

互惠原理——人们通常会以同样的方式给予回报。施予别人你所想要的。

社会影响力原理——人们会仿效与其相似的人的做法。在一切可能的情况下，利用同等群体的力量。"

可以看出说服本身是一种成人达己的过程，不是强调赢得，而是强调双赢。因此，提升自己的说服力，首先要懂得满足顾客的利益原则。我们说服的目的是帮助客户了解产品、公司，并给客户具体的意见，帮助客户作出有利于自己的选择。在采取方式方法上，罗伯特·西奥迪尼好感原理阐述的——欣赏顾客，并赢得顾客的欣赏，是非常重要的。这是有效说服的第一步。可以说，我们尽量不要在与对方不太熟悉的情况下，只谈产品，使得顾客感觉你很功利。互惠原理警示我们，假设对顾客过于苛刻，顾客也会用这样的方式对待我们。而社会影响力原理正说明了这一点，人人都会仿效他人的做法。因此，提升说服力不仅仅指口头的技巧，更多的是满足顾客心理的需求。

同理心

春秋战国时代，晋文公和秦穆公联合围攻郑国，郑国大夫对郑文公说："郑国现在处于危险境地，若派烛之武去见秦穆公，必能说服秦穆公退军。"郑文公同意了。

烛之武却因老迈推辞，他认为年轻的时候尚不如别人，老了又能做什么呢。

但是郑文公却说："我没有在您年轻的时候重用您，在危急时刻来求您，那是我的过错。但是如果郑国灭亡了，对您有什么好处呢？"

烛之武答应，前去见秦穆公。烛之武对秦穆公说："秦晋两国围攻郑国，郑国已经知道要灭亡了，假如灭掉郑国对您有好处的话，我也不敢来麻烦您。越过别的国家而把更远的地方作为秦国的边邑，您知道这是不容易的。您为什么要灭掉郑国来给邻国增加土地呢？邻国的国力强大，您的国力就会被削弱。如果放弃郑国而把它当作道路上接待过客的人，出使的人来来往往，郑国可以随时给他们缺少的东西。对秦国来说，这也没有坏处。

您曾经给晋惠公恩惠，晋惠公同意给您两座城池作为回报。但是他早上渡过黄河，晚上就修防御工事。晋国什么时候满足过呢？现在如使郑国成为它的边境，再向西边扩张，如果不攻打秦国，从哪里能得到它想要的土地呢？削弱秦国对晋国更加有力，希望您三思。"

秦伯非常高兴，于是郑国签订了盟约。

烛之武将三个国家放进同一盘棋中来考虑，让利害关系立即凸显出来。为自己考虑的同时考虑到对方的利害关系,这是在危急时刻最有效的方法。在与顾客的沟通、谈判中也是这样,提高游说能力不见得只是提高语言技巧,同理心则让彼此对处境有更多的理解。

2　引领对方的思路

在思维的层面上，我们都认为在谈话双方中，语言水平高的人对谈话的方向有领导作用。人的开悟是从启蒙教育开始的，而人的成长和认知越来越多，是因为懂得的越来越多。抛开思维本身，在语言的交流上，那些学识不高，但是口才却很好的人，也有可能在思维上引领对方。这是为什么呢？生活是个常态，我们对所接触的事物认知基本上是相同的。而人对自己越熟悉的事越有谈资。一位科学家和一位家庭主妇谈烹饪，科学家不是家庭主妇的对手。可想而知，在沟通和谈判中，我们对越熟悉的事越有发言权。假设我们与科学家的谈判是关于产品的，那么你完全有可能引领他的思路。而当我们需要了解的知识是科学家在行的，那么彼此的位置就改变了。

要引领对方的思路，首先要深入了解自己所在的公司，产品及行业状况，这样在谈话中才不会被动。无论是销售还是客户都希望自己能够引领对方的思路，谁都不希望被对方牵着鼻子走。

错误引导方式

在与顾客的沟通中，如果发现顾客控制局面的能力在我们之上，有的销售人员就会失去底气。毕竟市场上同类的商品比比皆是，而顾客又很挑剔，这时，销售人员就会出现"好声好气现象"即——用讨好顾客的方法，来求得合作。也有的人言语中过分夸大企业的实力，无形中使得自己似乎比顾客高一等，这样可能使顾客更加想弄清企业实力及产品质量水平，一旦发现有不符之处，会更加不认同你，甚至，把你这种表现归结为对公司和产品缺乏信心。

还有一些销售人员是"自来熟"，第一次见面就把顾客当作自己的好朋友，过于热情。因过于热情在谈价格问题的时候，顾客也可能会因此而要求更多的实惠。自来熟似乎是在搞好关系，但是对工作来说却并无裨益。与顾客沟通，建立合作关系，都是需要彼此逐渐了解的，没有人能跨越这一层，除非你与客户本来就认识。在逐渐建立的信任中，关系的雏形才会出现。顾客不会因为你把他当作朋友，而对你增加好感的，因此，把握好距离非常重要。

客户往往不会直接告诉我们需求，即使是关系较好也会有保留。引领对方思路就是要套出顾客的需求，让需求暴露得越明显，我们成功的机会越大。有时，说服一个有潜在需要的顾客，在引导对方思路上一定要先行设计，否则一到关键时刻，可能出现意料之外的情况，乱了你的手脚。准备必不可少：

三个准备。主要是思想上的准备，体力上的准备和行业知识的准备。做好攻坚战的备战工作，充分的思想准备能帮助你调动起那些沉睡的细胞，全力以赴要完成的事。体力上的准备也非常重要，虽然你面对的可能仅仅是一场言语上的论战，或者思维上的竞争，但是没有充分的体力准备，精神状态不好，思维速度就会跟不上，很多该想起来的想不起来。有时候，体力跟不上情绪也调动不起来。在引导他人的时候，引导者应该是情绪平稳，充满正能量的。对于行业知识的准备尽量要细致，除了自己的公司实力，品牌的力量，客户口碑，市场竞争力等等方面要有详细数字，图表进行解说，最好能形成自己的逻辑。对任何事情只停留在资料的分析整理上是不够的，在任何一个行业里做久了，都会掌握一些新的东西。如果能总结出来，形成自己的体系，在跟顾客沟通的时候，完全不用担心交往的机械性、陌生、没有谈资等问题。

情绪到达理想状态

情绪的准备无疑是点燃气氛的火种，顾客与销售人员第一次接触，都带有一定的防御心理，而消除顾客的防御心理，建立信任感，需要我们在情绪上给予好的引导。大多数顾客愿意和热情、平和稳重的人交往，这样的人不带有过多的目的性，不会给人造成紧张感。情绪的准备应该朝这个方向去努力，尽量不要显得过于热情。太过热情会让顾客怀疑你锁定他们作为销售目标，你希望通过这种服务让他们买单，这样反而会给顾客造成急功近利的印象。而情绪不到位也是很常见的，我们很多行业都有开早会的习惯，在早会结束的时候会喊一些口号来激励自己。当团队高喊口号的时候，人的精神也随之振奋。

当然凡事都有例外，有的人虽然近期有重要任务，但是就是进入不了状态。这样可能会造成在接待客户的过程中态度比较冷淡，急躁等问题，使得客户感觉到被怠慢而产生不满。我们需要先把自己内心的重担放一放，调整一下心情。可以通过做平时自己喜欢的事情，听听歌来放松一下。对行业新进的人员来说，要见重要客户而产生负担感是非常正常的。我们完全可以这样想：不想做将军的士兵，不是好士兵。究竟谁来成就你？大客户，是所有成功人士的必经之途，但第一次与大客户接触并不一定会成功，人人都要有积累经验的过程。不如放松一点，尽力而为，即使失败了对以后接待客户来说也是一笔难得的经验。

做好以上两个准备后，与顾客的实地接触会多些底气。在会面的第一时间，想办法与顾客建立起信任感，为后面引导顾客思路作出铺垫。良好的关系是生意最好的开端，顾客喜欢喜欢他们的人，我们要学会倾听，适时机地进行附和。学会模仿顾客的说话习惯，顾客容易对你感到熟悉，而共同的话题则容易产生共鸣。

建立好的基础以后，要开始了解顾客的需求，有的潜在需求顾客自己也没有过多注意，在交谈中可能会被发现。交谈中可以适当提示某款产品的促销限期，会员优惠，厂家打折，这些活动在新开业的店面有，以后都不会再有。有时候你只是随口说出某些信息，却被客户记在心里。假设客户是在做产品采购，希望面面俱到，而任何企业都不可能满足所有要求。这时，客户可能只是希望获得优惠，所以才不断挑缺点。在引导对方思路的时候，尽量先告知顾客任何产品都不是全能的，在所有产品中你可以做两款的重点推荐。这样避免顾客挑来挑去，感觉没有合适的，对这个有这方面的不满，对那个有那方面的不满，最后只好放弃。

最后至关重要的一点，是要给顾客提出解决的方案，让顾客认识到产品的价值。在充分了解顾客需求以后，不能放任顾客自己挑选，决定购买哪个。而是主动给顾客提出解决方案，有梯度地将顾客的需求锁定在这个范围里。这样顾客已经认识到了每种产品的价值，只需要根据自己的购买力进行选定就行了。

假设顾客感觉你推荐的产品中，某款产品非常好，但是他又对色彩，款式有一些不满。这个时候你完全可以拿出准备好的行业知识来分析。自信地告诉顾客在市场上，这种所谓"难看"的款式，比竞争对手美观但是品质稍逊的卖座高很多倍。这样先行打败竞争对手，顾客就不会放弃购买，而去竞争对手那里。

3　攻其致命的"要害"

俗话说,打蛇打七寸",七寸是蛇的脊椎骨上最脆弱、最容易打断的地方,是一些蛇的要命部位——心脏的所在,所以打七寸正好打中了要害,受到这样致命的伤,会必死无疑。而做事情要抓住重点,才能解决问题。我们在商业活动中,是否能秉持这个原则,始终都把力气用在要害上,决定了事情的结果和成效。

世界上很少有人不知道摩根财团,它是美国大财团之首。而当年老摩根从欧洲到美国的时候,穷得快揭不开锅了。后来夫妻两人开了一家小杂货铺,做起小生意。摩根发现顾客买鸡蛋的时候,如果是他老婆拿鸡蛋,顾客的满意度就很高。假如是他去给顾客拿鸡蛋,总被质疑:怎么总给我小的。后来摩根发现是因为自己的手指比较粗,所以鸡蛋在手心里显得比较小,而妻子的手比较小,鸡蛋在手里就显得大。顾客掏了钱,要买到自己心仪的商品,于是摩根看到客户来买鸡蛋,都会叫妻子来给客户拿,这样摩根小杂货铺的生意也兴旺起来。老摩根了解到顾客的购买动机后,满足了顾客的心理需求,这样生意才越做越大。顾客的购买行为支配着购买动机,掌握了顾客的这个要害,就像得到了扩大销售的钥匙。

哪些因素会影响顾客的购买行为呢?——购买动机及疑虑。

顾客有哪些购买动机呢？以购买商品为例：

追求实用价值。这类顾客衡量商品的标准就是实用。对质量和功效的追求更多，希望耐用不易破损。而不会对外观，色泽，造型等有过多的考究。可以说这类顾客的要害就是两个字：质量。在其他条件都稍显不足，但是这个条件非常充分的前提下，顾客也会作此选择。在价格方面需要更多的优惠。

与追求实用价值相反，多数女性购买商品更加看重商品的外观，造型，美感等，在经济发达的地区这一点表现得更加明显。顾客的文化水平相对高一些，会在商品实用价值基础上对商品作更高的要求。在价格方面这类商品的购买者对优惠一般不会那么在意。

而求新的顾客在重视产品功用的同时，对新技术，潮流等方面有更多的要求，一般会直接询问："有没有新款？"这类客户在年龄相对年轻的人群中较多见，并且对价格的优惠非常敏感。

而那些被商场促销或者广告活动吸引的客户，动机就非常明显了，就是希望能得到更多的优惠，对打折，促销的商品更关心。这类客户一般只要质量满意，基本就能下决心购买。

而另一类顾客，对品牌非常看重，通常会指定要某种型号和款式的产品。也可能是顾客在仿效明星或者身边的人，这样的顾客一般比较重视生活的品质，希望商品能体现自己的身份或社会地位。尽量在推荐的时候揣摩顾客的心理。

揣摩心理正是给予顾客对策的必由之路，而顾客表露的信息很可能就透露出他的需求。我们要抓住要害，打消顾客对产品的疑虑。所谓满意度高的销售人员，无非是对顾客的心理揣摩得比较透的人。

消除疑虑

了解到顾客的购买动机后，怎样打消顾客的疑虑呢？

顾客购买商品最怕的就是上当受骗，可以说即使没有购买动机的人，在观看新商品的时候，也会有这种感觉。毕竟商业买卖中存在很多不透明的因素，顾客担心自己的利益是一件非常合理的事情。很可能顾客对所有的销售人员都不信任，他们认为销售人员给予他们的信息有虚假成分，有很大的水分。所以很多顾客对销售人员的推荐不太在意，不予理睬，甚至有的顾客会与销售人员进行争辩。

这也是影响顾客购买商品的因素之一，不能打消顾客的疑虑，交易很难实现。即使实现，顾客存在刚需，成交也没有销售人员的功劳，造成销售人员被顾客晾在一边的现象。本来一方为服务方，一方为购买方，没有好的合作使得整个工作过程也索然寡味。世界上可能不存在完全没有被欺骗过的顾客，很多顾客都曾经遭遇这样那样的欺骗，慢慢地，顾客更愿意相信自己而非销售人员。

面对这样的心理壁垒，要拆毁它必须给顾客洗脑。

存在潜在购买动机却迟迟不下手的顾客，是在迟疑，观望。我们不如先用行动来打动顾客的心。这类顾客的要害在于——价格与质量是否合理。顾客感觉到自己没有受骗才会买，如何判断自己是否受骗呢？来自价格的合理性，其次才是质量和功用。在与这样的顾客交谈时，尽量客观地介绍产品，并且告诉顾客，没有任何一款产品是各方面都完全没有缺点的。顾客会感觉你的话没有欺骗的成分，只是客观介绍而已。继而要告诉顾客这些产品都有哪些优惠。尽量让顾客自己进行鉴别。并且告知顾客，如果对这些产品感兴趣，你可以将产品优惠信息发给他们，让他们更好地了解产品的活动。

顾客对产品却并非一无所知，假设你总是隐瞒产品的缺点，那么他只要察觉到就不愿与你对话。所以当顾客提出一些问题，也许这些问题已经被许多销售人员回答过了，这是你的机会也是你的挑战。所以，尽量如实地回答，是最保险的办法。如果我们回答得模棱两可，那么很多顾客听后会采用不理睬的态度。物有所值是顾客追求的，你的推荐一定要达到这个目的。而作为销售人员，站对位置很重要，我们是辅助和服务方，不要替顾客作出决定。

了解顾客的购买动机，并消除顾客的疑虑，基本就消除了销售工作的阻力。虽然并非每个顾客都会令销售人员如此被动，但是这两个问题却是普遍存在的。只要跨越心与心的鸿沟，交易自然就成功了。

4　影响者与被影响者

世界著名的交响乐指挥家小泽征尔参加过一个世界优秀指挥家大赛，在决赛中他按照评委给他的乐谱进行指挥演奏。演奏过程中他感觉有不和谐的声音出现，以为是乐队的演奏出现了差错，于是就要求停下来重新演奏。重新演奏后这种不和谐的声音依然没有消失，这次小泽征尔怀疑是乐谱有问题。

当他提出这样的疑问时，在场的作曲家与评委会都认真看过乐谱后，一致认为乐谱没有问题。虽然面对世界级专业大师，小泽征尔依然质疑是乐谱出现了问题，于是坚定地说："一定是乐谱出现了问题！"

他的话声刚落，评委们一致亮出了高分，恭喜他夺得了大赛的冠军。

面对一脸雾水的小泽征尔，主持人告诉他，这是他们用来检验指挥家的计谋，那些能够在众多权威持否定意见的情况下，依然能坚持自己看法的人，才配获得比赛的冠军。

没有人云亦云，没有在权威的否定下就放弃，没有被别人影响，专业的水准和高度的自信成就了小泽征尔。

小泽征尔让我们看到了，影响者和被影响者之间究竟存在什么样的不同。没有自信的人，很容易受到其他人的影响，人云亦云。而那些容易被他人影响的人，明显是缺乏自信的人。自信是成功的先决条件，只有对自己充满自信，在别人面前才会表现得落落大方。

胸有成竹，人们会被他感染。陈安之老师在一次培训中讲到一位日本营销高手，他每天出门去见客户之前，都会到洗手间照照镜子。面对镜子他会将大拇指和食指放进口腔内做肌肉扩展运动，然后一边大声说："我是最棒的！我是最成功的。"用这种方式来激励自己。

信心影响力

话到嘴边却说不出口，可能是没有想好，也可能是缺乏自信。当我们对事情本身还没有充分的认识时，很难调动起身体所有细胞来为某个目标冲刺，这时，我们的信心是不够的，不能很好地影响他人。

美国有位心理学专家做过一个心理测试：

你正在与客户谈话时，突然有人从门外进来，而且一直看着你，你会作出什么反应？

A 被打断。

B 继续谈话，但是注意力已经被分散，可能思维会没有前面连贯。

C 也盯着那个进来的人。

D 问他进来有什么事，如果他不说就请他出去，继续我的谈话。

E 如果他不打断我们的谈话，那么我会继续我们的谈话。

在这几个答案中，E是最自信的。

有人进来却不作出反应，从表面上看似乎是比较迟钝的人才会如此。事实上，他却是一个容易影响别人，而不容易被别人影响的人。

影响力培养与扩散

在职场上那些有较好声誉的人，那些打拼多年而成功的企业家，商业巨头，个人对社会的影响力很大。影响别人几乎是他们成功的要素。影响他人，而不受他人的影响，这样他们将许多观念，行为方式，潮流植入了我们的心里。这也是成功的一种。没有哪位成功人士是拒人千里之外的，他们都在用自己的影响力聚拢着人们的眼光，让人们向他们靠近，从而成为他们忠实的粉丝。如果你想影响别人，先要认识到自己的价值。

意大利著名电影明星索菲亚·罗兰16岁的时候来到罗马，想进入电影界。可是她在第一次试镜时失败了，主要是因为摄影师认为她的鼻子太长了，而臀部又太大了。导演建议她通过整形把鼻子缩短些，再把臀部削掉一点。但是罗兰却认为，这是她与众不同的地方。

那些已经成名的演员，大多五官端正，相貌出众，而她们给观众的印象已经定格了。但是她却不同，她觉得自己跟那些美女演员长得不一样，观众反而更容易注意到她。她觉得自己完全不必和其他美女长得一样，保持个人的特色会更好。虽然她才16岁，居然有这样的勇气拒绝导演卡洛·庞蒂的建议。于是导演重新审视罗兰，并开始认识和了解她。罗兰没有对导演和摄影师的意见言听计从，不愿意为迎合别人而放弃自己，因为她从未丧失过信心。正是因为这样，她得到了导演卡洛·庞蒂的肯定，并得以在电影中展示她与众不同的美。

索菲亚·罗兰主演《两妇人》获得巨大成功，她终于以她独特的外貌，特有的热情和奔放的形象征服了人们的眼球。她因此片荣获奥斯卡最佳女演员奖金像奖，蜚声世界影坛，成为令世人瞩目的超级影星。她的成功都和她对自己价值的肯定以及她的自信心分不开的。

相信自己，别人才会相信你，才会接受你带来的影响。可以简单地说，自信也是影响力的来源之一，充满自信的人相信自己有能力处理好棘手问题，能与陌生人友好相处。做事更愿意想办法，从而获得更多提升的机会，这种机会又进一步地提升了自己的影响力。提升影响力并无本可模，任何人都能够从点滴培养自己的影响力。

先了解对方争取主动

在我们与他人第一次见面的沟通中，会想办法了解对方的身份，经济，教育等等信息。因此，很多时候第一次谈话不见得就能达到自己想要的目标。而事实上如果对方发现你非常了解他的情况，而你也根据对方的情况量身定做了方案。这样相互配合无形中就能拉近你们的距离，同时让对方感到你这样积极主动服务是非常有诚意的。对于这样认真而自信的销售人员，顾客即使没有购买意图可能也会用心听你说话。在无形中，你已经影响了客户。

"清晨5分钟"效应

医学家证实，人会在凌晨三点的时候潜意识里出现焦虑，但是凌晨醒来的时候，这种焦虑感就少多了。我们可以利用这种身体的反馈，来锁定自己的弱点，能够捕捉到自己的弱点并有意识清除它们，会使我们的焦虑感越来越少。

自信心就像是一根橡皮筋，有时你感觉它很顽强，但有时又很弱。它会随着你的心理变化呈曲线波动，你需要不断地加固它，使它顽强的时候延长一些，脆弱的时候缩短一些，这样才能真正获得改变。人的性格是否顽强，人是不是自信，都是靠自己来改变的。一个意志力坚定的人，能够承担得更多，也会获得更多提升的机会。

　　影响他人者与被影响者的处境，可以说一个是主动的，一个是被动的。对于一个职业上有上升需求的人来说，增强自己的影响力，是势在必行的。而影响力无形中也能够帮助人得到更快的提升。

5 突然反悔时的挽救

反悔如果发生在顾客付费后，可以用安抚的方法来调整顾客的情绪，因为退货各种麻烦也会使得顾客迟疑。但是反悔发生在付费之前，协议未生效的时候，我们会感到措手不及，前面讲过的种种都没有用了，这时，究竟做什么才能挽回这笔濒临失败的生意呢？

了解反悔的原因是至关重要的，否则你的话很难真正抵达顾客的内心。他们会用某些非常个人的要求推辞掉，而让你一头雾水。这个时候研究顾客的话是否发自内心，已经没有多少价值了，最好的方法就是直接弄清顾客此时的心理，找到原因所在。

对顾客的心理变化我们要随时掌握，反悔时顾客的思维出现了大的变化，可能恢复了购买理性，也可能是考虑到当下资金等方面的问题。那么，了解实际原因再对症下药。

注意，当顾客反悔，这时你说的第一句话很重要，你是在做危机公关，客户给予你的机会不多。措辞是否能让顾客接受，决定了是否能够挽回局面，我们可以适当地加重语气，每说一句话都要重点突出。顾客购买决策出现了反复，也可能是其他的品牌让顾客纠结。

顾客临时反悔的例子各行各业都发生过，我们甚至常常能看到一些顾客已经在我们这里订购了产品，口头商定了签约时间，却在其他品牌的现场出现，甚至在与你约定的时间购买了其他人的产品。一些比较有机动性的行业改变了这种反悔就扣违约金的惯例，而规定直到签约并付款才算交易完成。期间顾客因为这样那样的原因反悔，都不视为违反约定的行为，这样顾客有了充分的思考空间。

在汽车销售过程中经常出现这样的情况，有顾客在2-3家店面里看了车，并付了定金。回去后比对并参照家人的意见，最后将其中2家公司的款项要回。只有帮助顾客真正作出买车的决定，才是彻底解决问题的最佳方案。

当你明白客户的需求，又感到他们不是内行，决策没有你提供的好，这时即使知道顾客要购买其他品牌的产品，依然可以进行说服工作。而这时的应对，必须简短，直击要害。因此，说服顾客必须让他在第一时间相信你的话，才有扭转局面的可能。

开门见山——只讲要点——有针对性地抓住要点——逆转局势

埃里克是美国一家汽车行的销售经理，他们车行主要出售工程用车。一次一位客户前来采购，根据顾客的意向埃里克推荐了一辆新款的剪草机，适合大型草坪：足球场、绿地公园等地使用。顾客也非常满意，当下就约定好日期来看新型剪草机。

可是快到约定日期，埃里克打电话给顾客，顾客却说自己在另一家看一款动力非常足的老款剪草机，并基本确定要购买了。顾客说完，埃里克对他说："具体是哪一款，我为您做一下参谋。"顾客不置可否。聪明的埃里克对顾客要购买的产品做了详细分析，发现顾客可能是感觉这个老款马力比较足,但是却忽视了同样的功率老款的产品充电时间长,而且噪音比新款大很多。于是埃里克说有重要的信息与顾客沟通,于是顾客约了地点再谈谈,听听他的意见。

埃里克赶过来开门见山地说:"打扰您两分钟时间,您花8000美元买老款剪草机,不如花7600美元买我们新型的剪草机。"顾客赶紧问什么原因?

于是埃里克就抓住机会讲出要点:

·新款噪音小。

·新款马力与老款相当,但老款噪音大。

·新款充电时间更少。

基于这三点,顾客立即发现自己原来太过专注马力,竟然忽视了噪音这个因素。

在顾客点头的时候,埃里克又接着说:"马力大噪音大,会使得车的减震效果差一些,没有新款耐用。新款用的新发动机,噪音小,延长了这款车的寿命。"顾客听到这里,已经开始出现摇摆。

继而埃里克又抛出优惠条件:"购买新款车现在有活动,可以用老车补贴差价换购新车。顾客心动,赶紧问了句:"你们新款的价格是多少?"

埃里克不慌不忙地说:"7 600美元,老车换新可以抵扣200美元,您只需要支付7 400美元。"

顾客点头说:"还是这款适合我。"

在顾客还没有移步去埃里克所在的车行签约的时候,埃里克不失时机地说,刚才我来的时候还修理了一台旧款剪草机,感觉旧款马达坏了轰鸣声很大。通过对比的方式让顾客明白产品性能的差别,但不要贬低对手,让顾客觉得你是在恶意竞争。相对公正地指出对手的缺点,让顾客认识到这个问题，减少反复的可能性。

于是顾客毫不犹豫地跟埃里克到了车行。

捉住逆转的信号

在顾客已经了解对手产品缺点以后，尽量不要再过多地谈对方，这样顾客的思路始终在产品的缺点方面。毕竟每款产品都是有缺点的，当你过度提及对手产品的缺陷，顾客也会随之联想起你的产品是否也存在同样的问题。

在顾客的思路有一个质的逆转以后，尽量保持只讲要点的习惯，不要过多纠结介绍产品。可以告诉顾客有哪些人购买了这种产品，稳定性如何，功效如何等等，然后顺理成章地请顾客先看看合同。一般到同意看合同的阶段顾客基本定下来了，我们需要做的就是促成这笔生意。

购买意图逆转以后，顾客的心理刚刚放平，这时千万不能有任何违背刚才话题的事情。比如：优惠已经过期了，这款产品调价了等等。大多数顾客会感到被欺骗而离开。有时候我们没有发现自己的话题有不妥之处，但顾客虽然与你谈了产品，也感觉非常满意，就是不肯谈条件。这就意味着顾客还是没有完全认可产品，或者没有完全认可你的服务。在这种时候要调整战略，想办法让顾客了解到产品的信誉和保障。

实际的沟通过程看似简单，一定要把信息传达到，对顾客的提问谨慎回答。任何反悔过的客户都是抱有一定警惕心理的，如果顾客否决了你的建议，你需要拿出更加过硬的理由说服他。尽量提前拟定2-3个计划，在洽谈过程中调整自己的战略。

顾客反悔是突发情况，但是对任何买卖双方来说却是常态，心态放平不急躁，就不会轻易措施挽救的时机。

怎样有逻辑地说服他人

第七章

CHAPTER

自主比对和个体完善

1　应对模糊表达的缺点推销术

有一句话说得好:"褒贬是买主,无声是闲人",不去打扰没有购买意图的客户,而对有购买意图但总不肯给"准数"的客户做重点公关。顾客存在异议有两面性,是成交的障碍也是成交的信号。而模糊回答的客户则心理与这类客户有一定的差别:原本对与错是两个极端,但是我们碰到的很多人,对一些利益并无大碍的事情,往往采取不置可否的模糊态度。与持这种态度的顾客谈来谈去都没有进展,谈得越久我们就越容易没有底气。如何才能打破僵局?

对于任何合作来说,可怕的不是异议而是没有异议,不提任何意见的顾客通常是最令人头疼的顾客。就心理上来说,那些不置一词的人,往往是抱有防御态度的。对于这样的顾客,他们不一定会给你机会开口,即使给你机会开口,也不一定会认同你的意见。面对持有防御态度的顾客,你的言辞越花哨,越冠冕堂皇,越夸大他们越不相信你。我们经常会说某某顾客真能"装",假设碰到同样能"装"的就好了。我们的业务本来就是为顾客服务的,和顾客一起"装"生意就做不成了。喜欢"装"的顾客其实是极爱面子，很有个人见解的人。他们对任何事情不会直接说好与坏，而是善于通过观察的方式进行评判，把结果藏在心里。

面对这类顾客，再多的夸赞都无济于事，他会认为你的夸赞不过是为了让他买单。

最好的办法是采用缺点推销术，主动来谈谈产品有待改进的地方，让顾客给你提提意见等等。谈谈产品的缺点，会让顾客放松防御心理。这说明这类模糊应答的顾客心中是存在异议的，那么消除异议我们需要做哪些工作呢？日本有位推销专家说过：营销人员打交道的人是那些拒绝打交道的人，你要做的就是战胜拒绝你的人，营销才会成功。

自动找产品的缺点，让顾客发言，找到认同点就可以开始沟通了。在此前营销人员的准备工作一定要过硬。先估摸顾客会提出的异议有哪些，分个类，做到心里有数。即使见面后碰到难题，自己也能从预备的答案中想办法。假设我们只是凭借一时的热情去说服客户，可能客户提出难以回答的问题会严重打击你的自信心。而顾客得不到满意的答案，也会失去对你的信任。事前好的准备工作是在给自己打气，也是消除客户异议的良药。

时机决定效果

面对总是采取模糊应对的顾客，时机的选择也会影响谈判的效果。有调查显示，那些懂得在恰当时机为顾客的异议提供满意答案的人，能及时消除顾客异议，所遭到的严重反对只是那些不择时机人员的1/10。如何判断机会是否来临？当你采用缺点营销术打开沟通的大门后，假如顾客对产品的挑剔出人意料，这时切记不要争辩，争吵只能把合作拖到坏的一面，尤其不要说其他品牌也有此类问题。虚心接受顾客的意见，面带微笑。当顾客的批评和牢骚发够了，你可以反其道而行之，赞赏顾客："您的知识太渊博了，连我们行业都这么清楚。"顾客听到此话，会感到你对他的尊重和欣赏。至于顾客说得不对的地方，我们可以在顾客能听进去产品介绍时进行纠正。当顾客抱怨沙发的弹簧容易变形，你可以先说："您说得对，老技术打造的沙发弹簧易变性，和老沙发相比，现在的新技术五年承压保持在200公斤以内都不会变形。"

在谈判的过程中，如果对方的情绪比较激烈，我们可以转换一下话题，谈一些轻松的见闻，待有所缓和再步入正题。因为情绪激烈的时候谈判不会产生好的效果。

而客户愿意沟通，但是所说的都是一些不确定的话，这时客户可能是在试探我们的底线，我们要在这些不确定的话之中寻找可靠的信息，不要听后就动摇了。习惯在模糊和否定的话题中找到可靠的信息，才有利于我们开展工作。

缺点营销术的真谛——以退为进

不论客户说得对与错，要尊重顾客的话语权。购买的本身就存在是否符合意愿的问题，任何人都有权质疑产品。并且，销售人员不但要接受质疑，同时还要为顾客解开疑惑。

我们都明白，由于科技的局限，某些产品功能不可能达到顾客的需求。此时也没有必要抱怨顾客要求太高，人对生活品质的追求无可厚非。

所以否定不如赞同效果好，面对顾客抱怨产品价格过高，你完全可以诙谐地回答："价高质更高"。但是如果抱怨的范围涉及公司的形象，信誉等方面，要坚决予以反驳。客户从我们坚决的反对态度中看到，公司的确是信誉非常棒的，反而会增强他们对产品的信心。

也有不少顾客懂得心理战术，会拐弯抹角询问公司的信誉和产品质量，从销售人员的态度来推断产品是否值得信任。我们听到后可能会觉得刺耳，会觉得客户不尊重我们。其实，客户的试探行为不过是想搞清楚产品的真实情况，而听的人会感到不悦而已。

古希腊神话中有位叫海格力斯的英雄，他神勇无比，力大无穷，有一天他在崎岖不平的山路上走着，发现有个东西很碍事，于是，海格力斯使劲踩了那个东西一脚，没想到那个东西非但没有被踩破，反而加倍地膨胀起来。海格力斯非常恼怒，拿起一个碗口粗的木棒打它，结果那个东西居然膨胀得更大了，把路都堵死了。

这时，山里走来一位圣人，劝告海格力斯不要动那东西，远离它，忘记它，因为它叫仇恨，你越不理睬它它就会越来越小，你越要对付它，它反而会膨胀起来跟你对抗到底。

我们也经常会犯这样的错误，因为听到贬损或者不顺耳的话，而热血沸腾，想要争辩出对错。结果会使矛盾升级，虽然我们主张不要和客户顶撞，但是忍让不是丢掉尊严，无限度地忍让，而是要用自己成熟理智的行为，来说服客户，影响客户。这正是缺点营销术的真谛——以退为进。

一时的退让能够避免矛盾的加深，又能让别人有个台阶下，百利而无一害。表面上谁占了上风并不重要，因为我们的目的在于说服客户。争怨会严重地损害你在客户心目中的形象，不要让情绪化的行为抹杀了你良好的素质。

这样的顾客毕竟是少数，只要是愿意咨询，愿意了解产品的客户，都存在购买意图，虽然有的表达模糊，让你搞不清楚他们的意图，也尽量不要急于求成。

2 寻找时机突破"瓶颈"

人在职业的任何阶段都可能遭遇瓶颈,令我们最痛苦的事情莫过于胜利在望却没法超越自己。经历过瓶颈时期,他们是如何突破自己的呢?

对于崇尚休闲,不修边幅的人来说,一套华丽的衣服并没有特殊意义,真才实学才是根本。而在社交场合,一套华贵的衣服却可以体现一个人的品位,以及衣服背后隐藏的经济实力。正所谓人靠衣装马靠鞍,在人们眼中,衣装是财富和地位的象征。

年轻时的保罗盖蒂大学毕业后,靠着父亲的帮助回美国成立了一个小公司,专门从事石油开采业。那时美国俄克拉荷马州的一个石油井招标,有很多企业参加了投标,其中不乏实力雄厚者,因此竞争非常激烈。刚刚创业的盖蒂自然力不从心,资金问题无法解决。然而盖蒂并未因此而放弃,投标那天,盖蒂租了一身十分华贵的衣服,约了一位他熟识的著名银行家,和他一同前往投标会场。在会场上,盖蒂显得气度不凡,加上那位著名银行家名气的衬托,把所有企业家的目光都吸引到了盖蒂身上。那些原本信心十足的投标者,此时都没了底气。他们都知道盖蒂是石油富商的儿子,现在又有了大银行家的支持,谁能竞争过他?结果,投标会场发生了戏剧性的一幕：大多数企业家认为自己投不到标，在这里看别人中标，还不如干点更有意义的事，于是纷纷离开了。那些留下的人都没勇气和盖蒂竞价。结果盖蒂竟然以500美元的低价轻而易举地中了标！

油矿投入生产后不久采出了优质石油，盖蒂又以40 000美元的价格将油矿售出，拿到资金后再进行投资。短短两年时间，盖蒂便成为拥有40多家石油公司的富翁。

完美借势

保罗盖蒂的成功为我们演绎了一次完美的借势。道具仅是一套华贵的衣服、一位银行家朋友、自己的家庭背景，竟然帮他轻松突破了资金不足的困境，盖蒂的成功都是自己设计的。

营销员在与顾客的交往中也可以通过观察对方是否穿得地道、适宜、讲究，来判断对方的实力。反过来想，既然"身价"如此重要，无论我们是去见客户，还是在公司或者其他正式场合，穿着得体都很重要。衣着得体代表你对他人的尊重和重视，而对方也会觉得你是一个有品质的人，从而引起对方的重视，愿意给你机会。进一步来看，我们的穿着不但代表着自己，更代表着公司。当你遭遇此类瓶颈，可以效仿保罗盖蒂，或许能收到意想不到的效果。

彼德森的借势也值得学习。

15岁的彼德森来到纽约运河街卡森的珠宝店当学徒。卡森是当时名气很大的首饰加工匠，能师从卡森意味着将有一手好手艺。学成后的彼德森自立门户，生意开张初期，他总是对顾客提起自己是卡森的得意门生，因而深得客户信赖。几年后他在纽约首饰业已站稳脚。实力与名气兼备的彼德森被美国最有名气的首饰批发商麦辛格选中，成了麦辛格的首饰供应商，事业得到进一步开拓。

合作的第二年彼德森产生了自己建立一家首饰加工厂的想法。但由于资金不足，无法实施。期间有一位顾客曾到他那儿加工过首饰，对他的技艺赞誉有加。她是某银行常务董事的妻子，她帮助彼德森说服了丈夫贷款给彼德森。彼德森建立了米奇戒指公司。后来，米奇戒指公司取得骄人业绩，使彼德森成为了世界上屈指可数的几大珠宝生产商之一。

彼德森的成功经验表明：别小瞧一张"名片"，这是小人物的进身之阶，可能会让你得到有些人一辈子努力也换不来的机会。当今社会，名校效应、名师效应、名企效应非常普遍，只要你能和这些名头沾上边，立即身价倍增。当你与新顾客交谈时，他们也会因你的名校身份而高看你一眼。

时下有这样一句流行话："花别人的钱，办自己的事，花未来的钱，办今天的事。"委内瑞拉人图德拉就是靠着这一法则轻松突破一穷二白的困境并一举成为百万富翁的。

时机成就英才

前面我们讲过时势造英雄，委内瑞拉人图德拉就是善于利用时势，成就功业的人。图德拉是个自学成才的工程师，一直过着受雇于人的生活。但他始终在寻找机会摆脱这种生活。他想做石油生意，但在石油领域，他既没关系也没资金，石油知识又非常有限。在这种情况下，他发现了一个连环的商业机会。

他从一个朋友那里了解到现在阿根廷需要购买2 000万美元的丁烷，于是图德拉立即飞往阿根廷，他想做个牵线人，把这笔生意介绍给别的公司，可以从中拿点提成。但是到了阿根廷他发现阿根廷正在闹"牛肉灾"，大量的牛肉造成库存积压，愁坏了牛肉商。

图德拉想：中东有石油，阿根廷有牛肉，如果能够给他们搭个桥，让他们互取所需，这笔生意不就成了吗？

经过实地调研，图德拉找到了一家阿根廷贸易公司，告诉他们自己要购买2 000万美元的牛肉，但是对方得从自己这里购买2 000万美元的丁烷。贸易公司的负责人乐得合不拢嘴，这对他们来说无异于天上掉陷饼，能卖出过剩的东西，又能买到急需的东西，于是，双方就签订了意向书。

接着，图德拉飞到西班牙，当时那里的造船厂正在为没有人订货而发愁。图德拉向造船厂提出，自己打算购买一艘价值2 000万美元的超大型油轮，前提是对方得从自己这里购买2 000万美元的阿根廷牛肉。西班牙人欣然接受了。西班牙是牛肉消费大国，他们在本国卖完这些牛肉相当容易，但是卖一艘2 000万美元的油轮，那可难上加难。因此西班牙人稍加考虑就签订了意向书。

现在只需要到中东购买2000万美元的丁烷就行了。于是图德拉飞往中东购买了一家大型石油公司2000万美元丁烷，并让石油公司租用他在西班牙建造的超级油轮。谁都知道，中东是世界上最大的石油产地，石油价格自然相对便宜，就难在运输上。石油公司想，用谁的船都得给钱，何况这是一笔大生意！当即答应了，图德拉拿到了第三份意向书。

因为交易的几方都是各取所求，所以图德拉根本没费周折就把三份意向书变成了事实。阿根廷卖了牛肉买了丁烷，西班牙卖了油轮买了牛肉，中东的产油国卖了丁烷，而图德拉则在辗转之间，拿到的石油运输费抵了大半个油轮的造价。待三笔交易完成后，他又把自己的大半个油轮抵押给银行，贷到了大笔资金，终于实现了他做石油生意的梦想。

图德拉的聪明才智是他进入石油行业的敲门砖。商业高度发达的当今社会，我们为什么不试着去整合身边的资源，为前程谋划一番呢？

变通突破瓶颈

穷则变、变则通，当人在困境中，总能想出一些解决问题的方法。人并非被环境所困而往往是被自己的观念和思想困住了。

几年前，盛大与当时很多做网络的企业一样，产品来自韩国，销售由育碧来负责。但是育碧没有想到传奇的在线人数增长速度那么快，游戏充值卡准备不足导致很多玩家买不到卡，全国许多省市都断货。育碧各地分销商的回款期很长，现金回流太慢，因此盛大和育碧摩擦不断。后来育碧发生人事变动干脆不承认原先的合约，导致盛大同时面临着现金断流和品牌受损的问题。

情况十分危急，陈天桥决定单干。但在当时这无异于自杀。怎么突破这种危机呢？陈天桥注意到了网吧——当时传奇的玩家基本集中在网吧。另一方面网吧也是实质的终端销售商，用户在网吧进行充值。经过一番筹划，盛大确定以网吧为中心建立销售渠道。各地网吧直接销售点卡，设总代理商和分销商，建立了自己的销售中心。

结果仅在当年，盛大盈利就超过了6亿元人民币，纯利润超过1亿！

无论在职场还是商场，年轻还是成熟，人与人的博弈一刻都不会停止。转换思维，突然瓶颈，才有成功的可能。

3 任何时候都要相信自己

在国外，有人夸你要说：Thank you! 但在中国，受传统的熏陶，谦虚才会被认为是君子，当你夸赞一个人，他会摆着手说："哪里，哪里，我还差得远呢！过奖，过奖。"谦虚是美德，也要适度，谦虚得过了头就不好了。

缺乏自信的人往往视骄傲、自负为洪水猛兽，这也是很多人与成功绝缘的原因。自信是一种对自己实力的肯定，那些坚信自己一定能行，并付出努力的人才会被成功青睐。

徐桂芝是一位从事服装生意的女性，2000年的夏天，一位很胖、很矮的五十多岁的工程师请徐桂芝为自己改一套西装。9天后，西装改好了，工程师穿上后非常得体，他握着徐桂芝的手说："真是太谢谢你了，衣服穿上非常舒服，看起来也很美观！"徐桂芝从中得到了启示，从此后徐桂芝开始做特体服装。一套套不同规格的特体服装完工，她摸索出了一套"量、摸、走"的做特体服装技巧，使技艺更加炉火纯青，并一跃成为大连服装界的名人。

2003年9月，大连市政府为经济文化促进会举行了一次拓展国际市场项目洽谈会，很多国际巨头来大连寻找合作，徐桂芝也参加了这次洽谈会。

第七章　自主比对和个体完善

她来得很早,看到参会的大多是从事服装的企业,都在通过不同的方式展示自己的产品。但当时中国还没有几家世界型名牌服装,所以无论展示台做得多么好,外商也只随便看几眼,少有询问和交谈的。

几个来参展的美国商人不屑的神态深深刺痛了徐桂芝,她虽是列席代表没有发言权,便她依然大胆地站起来说:"先生们,我是做特体服装的,凭我的经验,我觉得你们身上穿的服装有些问题。"

几个美国商人闻之无不惊讶,其中有中美贸易国际商会总裁拉贾·马格斯伟伦、美国中美贸易国际商会国际合作部部长约翰·布亭。布亭是个黑而胖的美国人,拉贾的中文非常好,拉贾把徐桂芝的话翻译给布亭听,布亭傲慢地笑着说:"我的衣服怎么会有问题?这是在意大利定做的,它价值10万美元!"徐桂芝对对方的态度并不介意,接着说:"布亭先生您有没有发现走起路来衣服就往后面仰,会把大肚子露出来?"说完大家都看布亭的衣服,徐桂芝又接着说:"只要2000元人民币,就能做一身比这件更好的衣服。"

洽谈会结束后,拉贾通过熟人找到徐桂芝,约她去北京给布亭做服装。拉贾请徐女士给布亭和他的两个朋友各做一套服装,可徐桂芝没带皮尺,拉贾正想派人去街上买,徐桂芝说:"不用,我可以目测!"老外闻之皆被震住了。

半个月后,徐桂芝将做好的3套西装送到了美国大使馆,3个人穿上西装后,再度震惊——衣服考究而合体,穿在身上非常舒适。

这件事很快传得业内尽知,一些国家的大使纷纷托人请她为自己做衣服。

徐桂芝对自己的技术和眼力的自信,使她赢得了尊重。自信是充分展示实力的保证,只有你相信自己能做好,别人才会相信你。

燃起信念火花

有位哲人说过:"生活是一个不断遭受磨难的过程,成功则是一个不断失败但最终胜利的游戏。"面对冷酷的现实,人人都会有迷茫的时候,别忘了告诉自己:"我一定能行?"

全球最大的收银机销售公司埃尔德集团陷入了空前的财务危机,为此,总裁查菲尔先生亲自到业务代表中间探访,以期找到原因,化解这场危机。

有位销售代表认为自己的销售成绩下降,是因为他负责的那个区域今年大旱,人们的生意都受了影响,没有人愿意买收银机……

听到同事这样说,其他员工也说出了心里话,他们的言词中充满了茫然和颓废,都感觉公司可能没希望了,有一半左右的人在准备跳槽。

查菲尔听了镇定地说:"会议暂停,大家休息15分钟,让我来擦擦鞋子。"

工作人员把公司门口那个每天给员工们擦鞋的小鞋匠叫了进来。查菲尔把脚伸了过去,并和小鞋匠聊了起来:

"你多大了?在我们公司门口擦了多久鞋?"

"9岁,擦了6个月。"小鞋匠回答。

"你擦一次鞋赚多少钱?"

"一次5美分。"小鞋匠回答:"不过,我经常能收到小费。"

"以前谁在这里擦过鞋?他为什么走了?"

"比尔斯,他已经17岁了,他说擦鞋无法维持生活才离开的。"

第七章 自主比对和个体完善

"那你擦一次鞋也只赚5美分,你能维持生活吗?"

这时,所有人都竖起了耳朵:

"可以的,先生。我每个星期五交给妈妈10美元,留下7美元,5美元存到银行,其余2美元做零花钱——我妈妈并不知道这件事,我想给她一个惊喜。"小男孩认真地擦着鞋,脸上带着微笑。

皮鞋擦好了,查菲尔掏出5美分给了小鞋匠,男孩高兴地说:"谢谢您,先生。"然后查菲尔又掏出1美分小费递给男孩,男孩依然微笑着对他说:"谢谢您,先生。"查菲尔感慨地握住他的手,说:"谢谢你,小家伙,你给我们做了一次很好的演讲。"

接着,查菲尔转向业务代表们说:"大家看这位男孩现在做的工作和过去那个比他大8岁的男孩一样。他们的服务费用和服务对象也一样。"

"但是有一点不同,"查菲尔激动地说,"他们的结局不同!这位小鞋匠内心充满了希望,他工作时脸上总是带着微笑,好象他心中很快乐。我们对他也非常满意,愿意在擦完鞋给他小费。而原来那个男孩对工作悲观失望,丧失了信心。所以当顾客给他5美分时,他连谢谢都懒得说,这样他的顾客就不愿给小费,当然就不再做他的回头客。结果导致他不得不离开这个行业。"

小鞋匠听了,笑着说:"亲爱的先生们、女士们,我相信我的努力会让更多人需要我。"

小鞋匠走后,他的话依然深深触动着每一个人,他们似乎看到了希望,找到了久违的自信。

得到查菲尔的激励,很多员工放弃了跳槽的决定,重新投入到工作中来,濒临倒闭的公司危机得到了化解。

在生活中每个人都有可能遭遇到低谷，可能竞争挫败、工作失意、业务不顺，但是千万不可因一次打击而放弃，自信心的建立正是要经历无数挫折考验的，只要战胜一次挫折，自信心就会增加几分。那些坚信自己会成功的人，一开始都不是战无不胜的强者。

4　同质的比拼靠能耐取胜

遇到不如意的事常常需要忍耐。暂时的忍耐，是解决问题和走向成功的最好办法。假如耐不住性子，一味地抢锋头抢时间，到头来白白浪费精力不说，弄不好还得乱了全局。

时间就是生命，时间就是效率，抓紧时间提高效率是成功的法宝。很多事情不是一蹴而就的，需要有个量到质的改变。须知欲速则不达，急躁的后果不是让人焦虑不安，就是让人做出轻率的行动。所以遇事急躁的人要学会改变自己，三思而后行。

输赢有时只在能否多一点耐力。在与顾客沟通中，在业务推销中遭遇挫折非常正常，这时候不妨多一些耐心，多了解对方的想法，使对方感到自己是在耐心地服务。

林国光是台湾灯饰大王，他最开始是在美国创业。用了4年时间，把一家进出口公司经营得风生水起。不料此时却传来了不幸的消息：他大哥经营的家族企业贤林灯饰公司已经濒临破产，资不抵债。本来公司可以申请破产，但大哥不愿逃避债务，虽累成肺癌行将离世，却不愿死后身背骂名，只好把在美国的弟弟叫回来。

林国光毅然接过了重担，开始了艰辛的还债之路。

公司已无资金，林国光卖掉了自己的房子与一些可以变卖的家产，先还了每个债主一部分现金，恳请债主们给他半年的时间，待生意有所好转就把钱还给大家。债主们看他实在没钱，人很诚恳，只好答应了。

以后的几年里，林国光不但背负着高达400万元的债务，还要负担姐姐和哥哥全家的生活费用。他不敢有一丝的懈怠，每天都是早早上班，一直干到晚上二三点。他和妻子吃的饭菜甚至不如一个普通的工人。那几年，他没给自己买过一件衣服。

后来回首往事，林国光坦言，他有一次站在阳台上，看着脚下万家灯火，真想跳下去算了，结束这痛苦的生涯。但转念一想，自己跳下去，妻子和一大家子人怎么活下去呢？忍了这么长时间，不都白忍了吗？最终他还是咬着牙挺了过来。

5年时候过去了林国光不仅还清了所有债务，还在拼杀中迎来了转机，生意越做越红火，成了资产上亿的灯饰大王。

林国光那顽强的意志力更是让人发自内心地肃然起敬。有时输赢区别只在于多了一点忍耐。

我们的工作中有无数需要攻克的难题，在任何风险，千万不可轻举妄动。暂时忍耐，静观其变，才能让自己静下心来，以超脱的眼光去冷静地分析事情的现状及走势，从而掌握主动权。这样可以避免相应的损失，还能以逸待劳，在积攒力量的同时相机而起。可以说这是一个欲成大事者必须具备的才能。

孙峰是一位商界奇才，改革开放之初，他白手起家，十几年时间便登上了福布斯中国富豪排行榜。从孙峰的成功轨迹中我们可以看出，忍耐并擅于把握时机是制胜关键。

孙峰创业时做的是与玻璃有关的小生意，赢利非常少，他一直施展不开手脚。但是孙峰知道，他只是缺少一个有利的时机而已。他一直冷静、隐忍，准备随时出击。

机会终于来了。孙峰得知广州、深圳等地的收录机生产过剩，销不出去，造成许多厂家货物积压生产难以运转。而东北三省的大城市里，却只有一些式样落后的收录机。当时年轻人爱听流行歌曲、跳交谊舞，为了买到新款录音机，许多年轻人还特跑到南方去买。

孙峰敏锐地意识到这正是天赠良机。他立即南下，找到那些收录机生产厂与他们签订了联销或代销合同。

当新款运到东北三省，许多年轻人闻风赶到，很快将收录机抢购一空。看到这种情况孙峰赶紧再次南下，扩大战果。当年孙峰就赚了七百多万，有了充足的资金施展拳脚。

成功企业家王永庆曾经说过："耐得住不景气的人，就是最后的赢家。"机会未到不如保持平静、隐忍的心态，冷静思考解决办法和可能出现的变化，细心观察在机会出现时适时出击，一击而中。

5　采摘的目标是能采到的果实

　　成功不具备普遍性，就象不能把远大理想和欲望膨胀混为一谈，而在如今这个充满机遇的时代，面对满树的金苹果，没有人不想把它们收入囊中。有位哲人曾说过："梦想的鲜花，易栽而难活"。

　　看到别人成功就一味地模仿，或拼命下功夫，以为勤能补拙，却不知有些"拙"并不是一味地下苦功就能补上的，有些事也不是勇气和魄力能决定的。一味地执着强求，反而是在浪费时间伤害自己。

　　好高骛远带来的结果，不仅会打击人的自信心，甚至会毁灭人对生活的信念。"有什么样的定位，就有什么样的人生"。一个有人生定位并能为之付出不懈努力的人，比那些飘忽不定、内心迷惘的人更容易成功。反之如果你的定位不切实际，同样也不会取得成功。

定位给攻克难关带来更多信念

　　在竞争日益激烈的今天，刚从像牙塔中出来的毕业生大都难以获得一个好的职务，所以考研的人数日益增多。但学历的提高对就业的推进作用并非一劳永逸。在外部我们的竞争对手是具备同等能力的人，而在同一个行业里我们的对手是能力比我们强的人。对于我们的整个人生来说，我们的对手是我们自己。有的人失败了，很快看清形势，不被失败困扰。而很多人却沉湎在里面，自暴自弃，他们把自己当成了失败的朋友，一同来打击失败的自己。

特别是追求高利润的行业，竞争压力很大，人们想要打拼出一番天地，自然要费九牛二虎之力。就拿营销行业来说，销售工作需要业务员出售商品，实现盈利。对业务员来说，业绩是一种挑战。对初入这个行业的人来说，在学习的同时提高自己的水平，才能走向成功。

追求成功并没有错，但是努力却不见得一定会成功。我们知道丑小鸭能变成天鹅，那是因为它体内原本就有天鹅的基因！如果你是一只鹅，或许努力会让你变得更强壮一些，蓝天却并不适合你。与其如此，何必难为自己，不如选择一条更适合自己走的路，反而更容易取得成功。努力了却达不到自己的预期目标，可能不只是自己的因素，客观条件的制约也不容忽视。

人的目标就像树上结的果实，毕竟人的身高、体质有限制，能摘到的有限。而我们采摘的目的，就是要摘到那些能摘到的果实，而不是花大力气去采那些可望而不可即的。

素有"世界第一交响乐团"之称的德国柏林爱乐乐团，在1992年邀请英国著名指挥家西蒙拉特尔担任乐团首席指挥时，拉特尔却拒绝了。他认为爱乐乐团以演奏古典音乐闻名于世，但自己对古典音乐的理解不够透彻，假如他担任首席指挥，不但不能带领乐团迈上一个新台阶，可能反而会起到负面作用。虽然机会好，但是他没有十足的把握，还是让贤了。

拉特尔拒绝邀请并非不想担任乐团首席指挥一职。他在谢绝邀请后，全身心投入到古典音乐的研究中去，十年如一日地不懈努力，直到他对古典音乐的透彻理解震撼了世人。

2002年爱乐乐团再次向他抛出了橄榄枝。这一次，布特尔没有丝毫犹豫地接受了邀请。他完全相信现在他已经具备了担任首席指挥的实力。拉特尔加盟后，柏林爱乐乐团创造了演奏史上一个又一个奇迹。

可以这样说，拉特尔起初的放弃是一种务实，和明智的行为。他的放弃，恰好为我们诠释了"放弃是为了更好地获得"的哲理。暂时的放弃，才能给自己足够的时间去接纳或学习，最终超越自己，获得成功的青睐。假如没有实力去采摘那些高处的果实时，不如先完善自己，待实力达标，再轻松攻克，这也是在给自己机会。

生活中有些空想家，只有目标，没有行动，是思想上的"巨人"行动上的矮子。他们沉迷于一些无谓的不切实际的空想当中，可日复一日，时光溜走，梦想却从未实现。唯有找到适合自己的人生目标，付出不懈的努力，梦想才有实现的可能！不要只做思想的巨人，追那些能实现的梦想会让人生更有自信。

怎样有逻辑地说服他人

第八章

CHAPTER

传递巨大的价值能量

1 成功者的成功之道

条条道路通罗马，只要选对了路才不会出现南辕北辙的事。在某个行业的成功人士，均是集智慧和胆识于一体的人物。只有智慧不敢闯，终究难以跨越艰险而原地踏步。有勇无谋，只知闯而不会用计，都会与机遇失之交臂。

中国国际教育产业投资集团、校园在线教育集团董事会主席、CEO郝慧林，就是一位智勇双全的女性。

有一天，22岁的郝慧林对父母和朋友说："英语好的人应该出国闯一闯，不要白浪费资源"。于是她便带着2万美元飞到了美国华尔街。飞机降落在美国芝加哥国际机场时，她环视这个陌生城市，决心要征服这个美国人的天下。

像她这样有胆有谋的人，到美国几个月后，就在纽约和芝加哥成立了与First Chicago Bank's First Option联合的公司，专门为中国公司提供资产管理服务。

到了1997年，她已拥有1000万美元。她开始考虑开始新的业务，并选择了回国。1998年，在世界网络热波及到中国时，她成立了校园在线教育集团。

因为抓住了先机,她成为了中国网络教育第一人,被誉为"天才商人"。

郗慧林的成功,在于她有一颗勇敢的心和对商业的敏锐嗅觉。选择做什么,如何去做,都需要我们克服心中的安逸和胆懦。

成功是不分职业贵贱的,不要以为自己身处服务业,只是一名小业务员叹息。当你总为身世而叹息,这种观念也会限制你的发展。

英雄不问出生

郭家富创业成功之前是一家洗脚店的小工,他勤于钻研逐渐掌握了各种按摩手法。随着技艺的娴熟和对足浴按摩行业的深入了解,在当地小有名气。他不再满足于给别人打工而是想办法凑钱,自己开了一家店,名叫富侨。

只赚声誉,不赚钱,三个月后,富侨有了很多回头客。一年以后,富侨的两家分店——重庆富侨沙坪坝店和富侨泸州店开业。

2004年,郭家富辞去了重庆"富侨"保健服务有限公司总经理的职务,注册了重庆家富富侨保健按摩服务有限公司,开始独立创业。郭家富采用连锁经营的理念,几年后家富富侨成为了足浴按摩业的航母,拥有加盟店500多家!

郭家富的成功给了众多草根希望,也让我们明白:任何一个行业,都有潜在的机会,看你是否善于观察,找到合适的时机了。人有自己的理想,不一定要永远做打工者。这值得我们每一个人反思:哪个行业都有成功者。

小胜凭智，大胜靠德

1998年，41岁的牛根生被伊利董事会免职。1999年，牛根生卖掉了自己和妻子的股份，用100多万元注册了蒙牛乳业股份有限公司。听到老牛注册了蒙牛，伊利液体奶的总经理、冰淇淋的经理，有大约三四百人纷纷弃大就小，投奔了牛根生。牛根生告诫他们："你们不要弃明投暗。"可大家纷纷表示要跟着他一起干。这些忠诚的老部下，有的变卖自己的股份，有的借贷，有的甚至把自己将来的养老钱也拿了出来，在大家的努力下，蒙牛终于有了第一把"草料"。

为什么在逆境中还有那么多人支持和投奔牛根生呢？这与牛根生信奉并坚守"财散人聚，财聚人散"的经营哲学有关。在伊利任职期间公司曾出资让牛根生买一部好车，可他却为几个部下每人买了辆面包车。他甚至把自己应得的108万元奖金平分给了大家……这种"财散人聚，财聚人散"的经营哲学，使他深得人心，也是他东山再起的原因。

也许你没有牛根生这样的好人缘，没有郗慧林那样的勇气，但你一定有自己的优势。成功者在成功之前也是默默无闻的人，有的人甚至遭遇困境，生活无着。面对命运的挑战，迎难而上、越战思路也会越开阔。

朱骏通过代理奇迹和魔兽世界，成为了亿万富豪。有的人认为，是网络时代给朱骏带来了无限的商机。然而我们不禁要反问：商机各个行业都有，为什么成功的是他。

朱骏的成功并非偶然，也不是运气好的原因。20世纪90年代，朱骏与一家桑塔纳经销商合作销售汽车。在当时，卖掉一辆桑塔纳可以获得2 500元盈利。他想普通人买不起轿车，就到一些消费高的地方去找客户。于是朱骏在一座花园别墅的咖啡厅里坐了一个多月，喝咖啡就花了500多元，车子却一辆都没有卖出去。他后来觉得自己当时真傻，住在附近的人不是来旅游的，就是来出差的，谁会买一辆车呢。

通过这次失败的经历朱骏明白了不管卖什么东西，一定要找准客户群，否则东西卖不出去，所做的都是无用功。

成功者的思想不能拷贝，但成功之道可以仿效。我们认为不存在毫不费力的成功，在行走的道路上多观察多积累，也是为未来找到时机做准备。

2　欲成大事者必胆大心细

从学校出来走上社会，到而立之年，中间也就只有这么短短的几年。后半生是否能够建功立业，就要看这几年造化了。有人敢作敢为，有人思前想后，固步自封。在机遇面前，每个人的表现是不同的。没有魄力，必无法开拓事业。而敢作敢为者并非鲁莽的人，往往胆大而心细。

华人首富李嘉诚是靠塑胶花生意起家的，而真正让他冲出香港走向世界的还是房地产领域。

1958年的一天，李嘉诚因事驱车经过郊区，远郊的荒凉和市区的繁华形成强烈的反差，他意识到：做生意就是给人们衣食住所提供服务，现在这么多地闲着没人开发，这不是房地产的巨大商机吗？虽然香港富有，什么都能进口，但这个房产是进口不了的。在香港这个弹丸之地，房地产肯定是最稳定、最具升值潜力的产业，于是李嘉诚便开始留意相关资讯学习房地产知识。

当年他就在香港北角购买了一块地皮，建了一座12层高的工业大厦。两年后，他又在柴湾购地兴建了两座工业大厦。那时，长江实业已经拥有了20多万平方米的地产。在香港这个房地产大起大落的地方，人们都为李嘉诚捏了一把汗。

几年以后，由于香港局势动荡房地产业持续下跌。但李嘉诚却没有丝毫停下向房地产业进军的意思，反而增加资金收购那些急于脱手的地皮。20世纪70年代初，香港地产业回暖，李嘉诚不但狠赚了一笔，而且一跃成为了香港房地产大王。

1979年英资企业"和记黄埔"将22%的股份割让给长江实业，这无异于"蛇吞大象"的成功，这是香港历史上第一家华资财团吞并英资财团，让无数的华人华商吐出了久积胸中的闷气。

李嘉诚才一路走来，靠着过人的胆魄在商场中如鱼得水。就像美国亿万富翁哈默说的，只要值得，刀口上的血也敢舔。李嘉诚的成功无异于刀口舔血，真是英雄所见略同，如果他不敢冒险，不敢做第一个吃螃蟹的人，那么就没有今日辉煌。

胆大心细

只有胆量是不行的，创业不是做赌徒要有胆量，敢下注，想赢也敢输，关键时刻要输得起。成功之路绝非赌博和碰运气，胆量和魄力是赢得财富和成就的前提，但一丝不苟的做事风格，是成功的保障。胆大心细，才能做得长久。

大事、大局，不过是无数小事、无数细节的累积。真正有心的人，无论大小事，都会全力以赴地去做到。万丈高楼平地起，打好坚实的基础，是成就大事的前提。"不积跬步，无以致千里；不积小流，无以成江海"，事虽小，但却是大事的根本，也是所有大错的根源。从大处着眼，小处着手，落实到行动上，方可造就卓越。下面的小故事就很能说明问题。

"做医生，最要紧的就是胆大心细。"医学院的研究生导师一边做实验，一边教导他的弟子们。

"请问老师，"一位女弟子认真地问道："什么是胆大心细？请举例说明。"

"看，就这样。"导师说完，迅速将一只手指伸进一杯病人的尿液里，然后把手指放进自己口中！

"现在你们每个人照做一遍。"导师把那杯尿液递给身边的学生。

学生们面面相觑，斗争了一会，都慢慢地、极不情愿地按着教授的要求去做了。

看到每个学生都忍着呕吐，陆续把沾有尿液的手指放入口中，教授摇摇头说："不错，你们都过了第一关，胆子够大。但是你们心不够细，没有一个人注意到，我伸入尿液杯的是食指，可放进嘴里的是中指啊！真是可惜！"

导师用行动告诉我们，成大事者不拘小节，但是要关注细节。战略决定方向，细节决定成败！专注于细节而忽略了方向导致事倍功半，但只关注方向而忽略细节，则会浪费我们大量精力，甚至因小失大，让长久的努力功亏一篑。所以，欲成大事者切不可忽略细节，只有胆大心细，才能避免不必要的错误，一步步走向目标。

不知道宗庆后的人很多，但提起娃哈哈，却无人不晓。

宗庆后最初是一位42岁才开始创业的农民，之前曾经插过秧、晒过盐、采过茶、烧过砖，还卖过冰棍……他用了20年时间，将一个连他在内只有三名员工的校办小作坊，打造成了今天中国饮料业巨头。

宗庆后是怎样做到这一点的呢？我们来看看电视台对宗庆后的专访。节目中主持人拿出了一个娃哈哈矿泉水瓶，一连问了宗庆后三个问题：

"这个娃哈哈矿泉水瓶的瓶口，有几圈螺纹？"主持人问。

"3圈。"宗庆后立即答道。主持人一数，果然是3圈。

"那么，瓶身有几道螺纹？"

"8道。"宗庆后还是不假思索地回答。主持人数来数去却只数出6道。宗庆后笑着说：上面还有两道。

继而，主持人拧开矿泉水的瓶盖，沉吟片刻，突然笑着问宗庆后："您能告诉我这个瓶盖上有几个齿吗？"

什么？这也太无厘头了吧！观众们都诧异地看着主持人，当然也有一部分观众感觉这简直是让宗庆后难堪。但宗庆后笑着对主持人说："你观察得很仔细，问题很刁钻。我告诉你，一个普通的娃哈哈矿泉水瓶盖上，一般有15个齿。"

"这个你也知道？"主持人瞪大了双眼："我来数一下。"她共数了三遍，结果真是15个！

在观众的掌声中，主持人站了起来，作最后的节目总结："关于财富的神话，总是让人充满好奇。一个拥有170多亿元身家的企业家，拥有几十家公司和两万多名员工，开发生产了几十个品种的饮料，每天需要决断处理的事务无比繁杂，可是，他连矿泉水瓶盖上有几个齿都了如指掌。从这一点我们可以看出，他是如何一步一步走向成功的。"

正因胆大心细宗庆后才一路走来在商场中如鱼得水。怀着急切心境终其一生，却难以梦想成真的人大有人在。并非努力不够，真正让他们与成就无缘的，就是这样急切的心情。别忘记了天下大事，必做于细的古训。一心发大财、赚大钱、成大事，无视甚至不屑于身边的小事、细节，到最后大量的时间和精力付诸东流，不如脚踏实地、一步一个脚印地走好。

"履虎尾，不咥人"，意思是说踩着老虎的尾巴走路，老虎却不咬人。对于错综复杂的社会环境，要静得下心勇敢面对。要想成大事，必须要有入虎穴的勇气。要掠得虎子，需步步为营。

任何想成就一番事业的人都有过这样种感受，不注重细节，可能越过了很多程序，时间使用效率虽高但办事效果极差。成功路上容不得丝毫马虎大意，唯有胆大心细，切实做好每一个件小事、把握好每一个细节，才是避免烦恼、灾祸、失败和耻辱的最佳策略。

3　成败在第一个五分钟里

美国伦纳得·朱尼博士曾认为沟通是否成功就在于人们相互接触的第一个5分钟。通常，人们都喜欢那些喜欢他们的人，听那些意见相同的人的话。我们要习惯对顾客，抛开对方从事的职业，讲何种语言，以哪种方式，对他说的话尽量耐心地倾听。耐心倾心，你会发现整个世界都充满乐趣，这样你也会交到许多朋友。

有先入为主意识，好印象是合作成功的动力，我们在第一次与顾客见面时，尽量表现得友好而自信。如果你听到一些不太顺耳的意见，不要马上表达自己的不快或者与对方争辩。如果对方刚开始交谈就讲各种苦衷，可以适当地表示关心。而在给予对方任何回答的时候，耐心第一。如果对方夸奖你，完全可以笑笑了之，或者礼貌地道谢，谦虚地说："过奖了"，所有这些礼节都是为了给对方一种有修养的感觉。

我们所讲的这些表现，是为了给人好印象，并不是要学会假装。没有诚意的倾听，给予关照，都会令对方更加厌烦。与客户见面的第一个5分钟，不是要演戏给对方看。有的销售人员因为内心并没有完全消化这句话，在与对方沟通的时候，虽然面带笑容，但是却紧张得无法开口。所以，内心的问题要自己来战胜，而假设你是个脾气急，性格暴躁的人，只能通过增加自己的修养来改变现状，而不能通过假装。顾客与我们是具备同等智力、觉察力的人，我们应该从内心里去尊重他人。

戒心——好奇心

第一个5分钟，在被对方喜欢以后，就会涉及到更多的话题，我们继而可以找到一些双方都比较喜欢的话题进行探讨。有的客户对市场上房价问题非常敏感，喜欢和其他人探讨。这时，我们就会发现，大多数客户其实关注的问题都不会越过房产，股票，车和历史，节目等等。日常我们就要多花点时间去了解这些信息，增加自己的谈资。在开场白似的交谈中，彼此达成共识后，对方就会对你产生一定的信任感。为什么说信任感和刚才说的好感不同，不会在见面的第一时间产生呢？因为初次见面的人其实彼此之间存在两种普遍心理：戒心，好奇心。当对方感觉到你"喜欢"他，并且也"喜欢"你的时候，戒心就会放松很多。而共同的话题是通过一致的认识制造出信任感的，当你的看法和他的比较吻合，甚至给对方惊喜的时候，顾客会对你产生信任感，并愿意与你一同探讨更多的话题。

当然你会发现有很多顾客想聊的话题，你并不了解。如果你依然按照自己的习惯表达出来，顾客会感到无所适从。所以，对自己不了解的事情，可以直接说："您真渊博，这我还真不知道。"或者直接给对方一个微笑，认真地倾听顾客的高见也是好的。顾客会感到虽然不了解这些，但是非常有礼貌，这样沟通就会顺利很多。

当我们碰到的客户在互相建立其信任以后，接下来的信息交换中却发现对方不是准客户，有的销售人员立即就冷淡下来，或者去忙别的，或者对客户说的话不理不睬，态度发生了180度大转弯，使得客户的自尊心很受伤。有的销售人员是在惩罚客户——你不买,却浪费了我那么多时间。这样客户会对你产生个人修养差的印象,我们知道那些这次没有购买目标的客户,前来询问的目的,可能是有内在的需求。他们是潜在的客户,而某些客户可能是在帮助其他的朋友进行咨询,但是当你态度发生如此大转变的时候,顾客对产品的印象和新奇感也会随之骤减。我们要习惯于保持一致的作风,问与购买是两码事,尽量不要把自己建立的良好印象和沟通渠道消灭掉,这等于是在搬石头砸自己的脚。

可以这样说,就算从见面到建立信任感,甚至与销售人员建立朋友关系的顾客,也有放弃购买的可能。

重视5分钟效应

万事开头难,从双方陌生到熟悉,需要时间,这个过程你可以提前设计好,但是也有很多出人意料的事情发生。假设你想按部就班地进行介绍,却与顾客一见如故,很投缘,把程序撇到了一边。大多数时候是见面后发现对方和你一样严谨,都是认真做事、为了做好生意或想获得满足而来,谈了几句就没有话可说了。这时不必尴尬,那些满意度高的销售人员和你一样,在继续下来的工作中,都要做说服客户的活动。如果开头没有获得顾客的好感,在工作中弥补也是可行的。

如果见面的是女性客户,她随行带着行李或者带着孩子,你可以通过帮助她减轻负担来建立信任感。比如对方带着孩子,那么你可以帮助宝贝倒杯水,给孩子讲一个简短的笑话。这样调节一下气氛,顾客会感到你是个很幽默的人,对顾客很关照。假设与顾客见面是在比较远的地方,你可以问问对方是不是比较累,那你可以建议他稍事休息一下等等,顾客也会对你的关照表示感激的。尽量不要顾客一进来,就忙着介绍这个介绍那个，带着顾客到处走，而甚至到顾客走的时候都没有给他们倒一杯水，或者问候一下对方如何来的等等。

  这些实际的关心比那些突兀的讨好的话语更能让顾客动心，我们找到寒暄的事情，目的是减少顾客的戒心，建立好感，有利于以后的洽谈。很多人感觉这些寒暄和引导浪费了很多时间，所以不如直接问顾客的购买意图来得好。这样想的人就大错特错了，你只忙着关注自己的工作，却没有关照顾客。假设你的竞争对手有同样的产品，顾客更青睐服务周到而细致的人。因为后续可能还要打交道，如果你表现得漠不关心，顾客会觉得后续的服务得不到保障。而只关心自己不关心他人的人，顾客会感觉自己得不到尊重，产品再好也会因为工作习惯而被否定掉。

  不要总担心自己的付出得不到回报，我们见过很多客户只是无意间到处逛逛，却会买走某些他们现在并不一定需要的东西，这很有可能就是见面5分钟内我们服务周到的效果。

  第一个5分钟基本上确立了以后你们沟通的模式，尽量取得客户的信任，在心理上为后续的营销铺好路。

4　底线思维的利弊

东汉时期有个大官叫杨震,他出身名门,家教甚严,生活十分简朴。杨震做了丞相以后,有的官员想拉拢他,有的人想讨好他从而得到更多的关照和提携。

有一天夜里,王密前来拜见他,王密是杨震以前的门生,这次进京述职,乘机来杨府拜见他。杨震传令在书房接见王密。王密非常谦恭地汇报了自己上任以后的情况,并提到自己在学业方面的长进。杨震对门生的进步感到非常高兴,相谈甚欢。

在拜别的时候王密悄悄拿出十斤黄金送给老师,以示自己对老师恩情的报答。王密此举令杨震非常吃惊,他生气地说:"我是你的老师,我能理解你,你是我的学生为什么不能理解老师呢?"

王密说:"老师清正廉洁让人敬佩,但是现在就我们俩在书房,而且深更半夜的也没有别人,您担心什么呢?"杨震说:"我们要自觉维护自己的名誉,这件事情要想人不知道,除非我们没有做。现在这件事情就有天知,地知,你知,我知,怎么能说没人知道呢?"

王密听了老师的话,很惭愧,于是他赶紧向老师表示歉意,并带着黄金告辞了。

后来王密把这件事说了出去，人们都知道杨震拒收黄金，廉洁公正，更加敬佩他了。现在流传有：震畏四知，拒收礼金。就是指的这件事。

杨震虽然官至宰相，却没有为自己购置什么产业，他认为祖辈被誉为清官就是给子孙最好的财产。杨震的后代为此感到骄傲，现在洛阳杨震后代还将"四知堂"作为店名呢。

拒收无人知晓的礼金，这样的人其实心里给自己设置了一个底线，无论是十两金子还是十斤金子，对他来说都是不能收的。

在沟通和谈判的过程中，有底线的人是非常有原则的，触碰到原则的事情他们就不会去做。而在底线之上的空间，被称为"商量空间"。不要轻易让人知晓你的底线，更不要轻易地告诉别人你的底线。谈判和其他时候不同，一方如果先亮出底牌，那么对方可能会把条件抬高，这样你就很被动，当你的承受范围超过了底线，生意就谈不成了。同样的，我们在谈判的过程中，也要习惯预测一下对方的底线，不要在谈判中把对方的弹簧压过底线。

有形与无形底线的差异

有位心理学家做过一个实验，他将某个小空间用一根细线围绕起来，然后在旁边立了一块牌子，上面写着：请勿入内。

他在一旁观察发现，人们走到牌子跟前看看，然后就绕行了，很少有人会抬腿跨越这根细线，走进这个"禁区"。

于是他就把绳子拆掉，只留下了那块标注"请勿入内"的广告牌。

这次情况截然不同，很多人都会不自觉地走到这个"禁区"的中心，甚至左右张望,疑惑地看这里有什么值得"禁止入内"的东西。

这个实验说明人遵守那些有形的规矩是很容易的事,但是要自觉遵守无形的规矩并不容易。这就是人们的心理底线。

运用底线思维来沟通,谈判,做事,就要想好无形底线在哪里,有形的底线何时表现。人都有这样那样的欲望,碰到各种各样的诱惑,我们先要给自己一个适当的范围,设置合理的底线,让自己时刻在合理的空间发展,能做到什么,不能做什么,都要心里有数。坚守底线的人犯错的几率要小很多,而具有"弹性底线"的人,最容易出现失误。因为弹性其实是很难把握的,在小利面前可能不会出现问题,但是大的利益面前可能会不动摇。所以坚守底线并非易事。

人之所以能突破底线,是因为每个人都有薄弱的地方,突破底线都是从那些小事情开始的。我们说有些事情是"一念天堂,一念地狱",就是因为不能坚守底线,给自己带来巨大的影响。

对手的底线思维

坐在谈判桌上的人和你我一样,都有着一定的让步空间,也有自己的底线。为了能够促成合作,我们需要做充分的准备,给共赢创造条件。谈判自始至终要尊重对手,在和气的情况下进行商谈,谈完双方有了一定的了解,愿意合作,可能会成为朋友。职场上关系没有一成不变的,尽量给自己和对方空间。想要一口气吃成胖子,那么对方的利益就会受到损失,即使现在合作成功,长远而言可能会因为谈判风格的原因,双方无法深入合作。如果将对方的弹簧压过底线,对方也只能就犯,这样做会损坏双方的利益,而对方也会感觉你太苛刻。尽量秉承

"生意不成仁义在"的原则，毕竟合作是一件长久的事情，不能有一单成了下次就不见面了的想法。

当然有时顾客，合作方，竞争对手都会打"感情牌"，在价格和合作条件上诉苦，这样的事屡见不鲜。究竟是让步还是不让步？对方的话可信度有几分？究竟自己最后做的决定是正确的判断吗？

心理如此打鼓的人大有人在，人与人的智商相差并不大，出奇制胜的几率非常低。这时我们如果有大量信息和数据的支持，就不会让自己陷入这样为难的境地了。所谓"知彼知己，百战不殆"，在与顾客商谈或者谈判之前，我们要尽量搜集对方的信息和资料，全面地掌握情报，然后与团队进行讨论，听取大家的意见和分析。经过信息的这个搜集整理，筛选讨论的过程，我们就基本能做到心里有数了。

虽然我们设定了底线，但是在实际的交谈中要灵活运用。不要让顾客或者谈判方感觉你"只能这样，只能那样"。除非这样，否则其他的就没什么好谈的，这样的沟通会直接陷入僵局。而谈判过程中不把握度，只想制造好的氛围，而不坚守底线，又会导致过多的让步。我们需要把底线和灵活性结合起来，不要让自己的思维陷入僵化的境地。

有了合理的底线，你便可攻可守，在沟通过程中灵活运用自己的各种谈判技巧。

5　分享带来的人气

卡耐基说过："对于成功来说，专业知识所起的作用只占15%，而其余的85%则取决于人际关系。"反思这句话，说的无非是不管你干什么，只要处理好各种人际关系，你就已经成功了85%！石油大王洛克菲勒曾说过，愿意付出比天底下得到其他本领更大的代价，来获取与人相处的本领。我们想要成功，不仅是要有资金、技术，更要上好人际关系这一课。

今日职场上越来越重视团队的合作精神，这甚至成了衡量员工的标准。在劳动分工日趋精细的今天，那种"独行侠"式的员工即使能力非常出众，但是为了大局，老板们也往往不得不忍痛割爱。这样，企业的协调性、工作效率和效益才有保障。

职场中同事之间要有好的合作，那些自己创业的人，更需要与他人良好的合作。俗话说得好，一个好汉三个帮，更何况我们还不是好汉，是血肉之躯。在走向成功的路上，人人都在学习与人合作，每个人都是社会的人，我们的生存和成功，说到底离不开团队的力量。

回到大众视线

佛经中记载，释迦牟尼曾经问十大弟子："一滴水怎样才能不干涸?"弟子们面面相觑,唯有传法第一的阿楼那回答道:"把它放到大海里。"

一滴水脱离了大海,迟早都会蒸发、渗透、干涸。同样的道理,茫茫人海,一个人之于社会,也就好比一滴水之于大海一样重要,如果不投入大海的怀抱,那么他迟早会干涸。

汪苹被"指点江山"服务公司聘用,为公司开发一套有独立知识产权的培训教材。

工作了一段时间,汪苹的表现却让总经理大失所望。原来汪苹是个完美主义者,甚至达到了吹毛求疵的地步。有时她需要一个数据,打个电话查询一下就能解决了,可她非要派人进行实地调查。更糟糕的是,汪苹非常缺乏合作精神和容人之量,导致两个新招来的员工被她气跑了,其余的老员工对她也颇有意见,公司里总有股火药味儿。

总经理看在眼里,急在心上,私下里找她谈了好几次,劝说她以公司为重,让她发扬风格,多与下属沟通。汪苹答应得很好,但是一到做事的时候,就把总经理的话忘了。有一次总经理委婉地开导汪苹要搞好人际关系,汪苹却认为自己的工作没得到肯定,第二天便离开了公司。

职场中像汪苹这样的人不少。他们技高一筹,敬业精神值得我们敬佩,但是只有树立团队意识,发挥团队精神,才能把个人的力量发挥出来,才能实现个人与企业的共同发展。汪苹身为领导,协调能力和组织能力欠缺,她自己也忽略了这一点。因此,即使你已经修炼成为了"白骨精",也千万不要自以为是地认为你是不可或缺的。当今社会,特别是那些立志开拓的企业,不仅仅需要个体精英,更需要精英层的高度集结。这一方面是为了企业发展考虑,另一方面有助于我们团队意识的培养，在注重个人能力的同时注意整体的协调。

如果你不能独自成功，你便不能独自享有成功。感谢周围人的帮助，是大多数成功人士常挂在嘴边的话。这句看似普通却至关重要的一句话，显示了他们思维的智慧，这实在是一句非常聪明的话，这话现实了他们的素质又让听者心理平衡。

经济复苏后很多公司都增设了岗位，而业内的竞争可谓激烈。有一家跨国公司正在选聘新岗位的部门经理，竞争者很多，有位能力强的员工却未能如愿似偿。

按照他的预计，自己升任部门经理是板上钉钉的事儿。因为他的工作业绩有目共睹，而且经常拿奖金，在销售部是一员大将。部门经理升职时还向人力总监推荐过他。

但人力部门在任命前搞了一次民意测验，大多数同事都认为他既孤傲又自私。结果一个工作业绩远不如他，但人缘极好的同事登上了部门经理的位子。

他为什么不受大家欢迎呢？这还要从他的工作业绩说起。原来，他不仅工作能力非常突出，而且非常能吃苦，因此经常被评为优秀员工，数次获得精神及物质奖励。得了大奖请客，基本上是一些公司的惯例，但他认为这是自己的劳动所得，请不请在自己，所以就推说有事，最后，自己淡忘了。

最让大家不快的是每次开会他的发言内容，不外乎某某不行，自己很棒，并把自己的功劳刻意夸大，对同事们的帮助和配合则只字不提。结果，他引起了全部门的公愤。就这样他与经理的职位失之交臂。

他的缺点其实也没什么大不了，也确实像他自己说的那样，我自己的劳动所得，请不请在自己。然而舍不得一顿饭钱，最后招致所有同事的公愤，以至与晋升失之交臂，这中间到底哪头轻哪头重呢？

由此可见，学会分享不但能聚拢人气还能得到大家的认可。分享一颗种子，你将收获一树风景。

怎样有逻辑地说服他人

第九章

训练1000天后魔力所带来的迥异人生

1 以空杯心态面对世界

一只盛满了水的杯子，只能倒出却不能收纳。想要学到更多的东西，必须要把装满的杯子倒掉一些。而空杯心态，在心理学上意味着要怀着否定过去的心态，让自己重新融入新环境中来，用全新的面貌来对待新事物。

哈佛大学的校长到北京大学访问的时候，讲过一段亲身经历。有一年，他向学校请了三个月的假，并告诉家人，不要问自己去哪里，而他则每个星期都会打电话报平安。他一个人去了美国南部的农村，开始了一种全新的生活。每天主要的事情就是到农场去干活，到饭店去洗涮，或者就是去铲草坪。在干活的时候偷一会懒，或者和别人说个笑话，都让他感觉到身心愉悦。最有意思的是，后来他到一家餐厅找工作，老板让他刷盘子。校长干了四个小时候，老板把他叫到办公室，告诉他他刷盘子的速度太慢了，他被解雇了。结账后他就走了，这段经历也使他感到快乐。

随后这位被解雇的老头又回到了哈佛，他发现工作环境有许多新鲜有趣的事情，工作变成了一种享受。经过那三个月的"出走"，他重新审视了自己的生活，让自己的生活回到了原始状态，这段经历自然地清除了他内心积攒多年的废品。

及时给生活归零，扫除污染，我们就能转换思维，以全新的眼光来看待周围的世界了。想要吸纳得更多，就要彻底地倒空。学会舍，方能获得更多。

以空杯心态面对世界，不断倒掉大脑中的浑水，才能让思路清澈如初。我们每天面对公司同事，顾客，产品等等，时间久了，就会习以为常。我们习惯了这种感觉，并且熟悉的感觉给我们舒适感。而其他的人却不一定这样，他们依然每天学习新东西，积极进取，天长日久，我们就会感到差距越来越大。

学不进去新东西已经很可怕，不停地吃老本更是火上浇油。迟早有一天，这种状态发生一丁点改变，都足以让你震惊。如果我们舍不得倒空杯子，那么半杯水总是不停地晃荡，所获得的成就也往往不过如此。人在杯子盛满的时候最容易骄傲，而半杯水，也很难真的把新东西融进去，往往会造成四不像。

古代有一位佛学方面造诣很高的人，听人说某座寺庙中有位老禅师有出神入化的功力，于是就前去拜访。到寺庙后老禅师的徒弟来接待他，他心有不满，觉得自己造诣如此深厚，前来接待的人居然不是老禅师。后来老禅师亲自出来接待他，并给他沏茶。禅师举起水壶往已经满的杯子里不停地倒着，水流了一地。他疑惑不解地问禅师，杯子已经倒满，为何还要倒？禅师答道："对啊，既然已满，为何还倒？"

禅师是话里有话，意指他既然已经觉得自己学问高深了，还何必要来求教呢？没有人不渴望成功，每个人都有自己的梦想。但是很多人终其一生都无法实现自己的梦想，抛开那些不可抗力不谈，一个很重要的原因就是缺乏这种倒空自己的智慧。

让智慧来决定你的人生高度

行动是人取得成就的保障，但是没有智慧的行动无疑是盲目的，没有智慧，再积极、再勤奋也没有用。就像某日本企业家所说的那样：如果你有智慧，请贡献你的智慧；如果你没有智慧，那么请付出汗水；如果你缺少智慧又不愿流汗水，那么请你离开。抛开公司的企业文化不说，在这里我们可以这样理解这句话：一个人如果没有智慧，就只能流汗水。而我们知道，一个靠卖苦力生存的人，能够养家糊口已很吃力！成就自己，还靠智慧。

在任何组织中都不缺少像蜜蜂一样勤劳的员工，他们上班最先到，下班最后走，工作从不偷懒，任劳任怨。评价工作态度，他们绝对是楷模。但是说到工作业绩，却往往相形见绌。不客气地说，在这个竞争激烈的时代，在这个不仅要有苦劳，更要有功劳的社会，结果比态度更重要。没有智慧的工作，是低效的，是在做无用功。从成本的角度来看，是浪费时间，浪费精力。

如何才能拥有智慧的头脑呢？答案很简单，多学习多观察多思考。唯用智慧的大脑去指挥勤劳的双手，使产出最大化。

古时候，有3个年轻人，很想出人投地，于是读书做事都非常勤奋。然而，虽苦读长进却很有限。青年人非常苦恼，于是去向一位智者求教。

智者听后没有正面解答，而是叫来自己的小弟子，让弟子带这几位年轻人进山砍柴，并以谁砍的柴最多，谁就有资格得到答案为约。

黄昏时分，4个人陆续回来了。其中一位年轻人扛着两捆木柴，累得大汗淋漓、气喘吁吁；另两位青年则用扁担各挑着4捆木柴，汗流浃背，累得腰酸腿软。而智者的小弟子，则乘着木筏载着十几捆木柴从江面上顺流而下，一路歌唱前行。

3个年轻人见了，不由面面相觑，自愧弗如。

智者问道："你们是不是对自己的表现不太满意？"

"让我们明天再砍一次吧！"扛着两捆木柴回来的年轻人恳求道："今天我一共砍了6捆柴，没想到走到半路就扛不动了，到最后只剩下了两捆。"

另外两个青年说："我们俩每人砍了两捆柴，用一根木棍挑着，一点儿也不累。后来看到路上有4捆柴，便把它们一起挑了回来。"

小弟子说："我一共砍了20多捆柴，我用10几捆木柴做成木筏，然后走水路回来，一点儿也不累。如果不这样，那么远的路，就是一捆柴我也挑不回来。"

小弟子人小、个子矮、力气小，但他带回来的木柴最多，也最省力。而那3位年轻人，的确都很努力，但是不善于动脑子，成果与善于思考的弟子相形见绌。

每个人都是思想的主人，要善于思考，用智慧来打败对手。

德国的一个小镇上，有一家特殊的玫瑰花店，这个花店出售的都是干枯的玫瑰花瓣或花叶，服务那些失恋者、失意者、受骗者、落魄者，让他们用含蓄的形式发泄心中的怨气。

那么这家店主彼得为什么要开一家这样的花店呢？店主说，干枯玫瑰店的创办源自一次失恋体会。当时，店主的女友嫌贫爱富，另攀高枝，离他而去。店主既愤怒又痛苦，苦想数日都不能释怀。突然有一天，彼得不经意间看到窗外盛开的玫瑰花枯萎了。不禁联想到自己现在的处境，感慨这大概就是爱情终结的象征吧！他灵机一动，当即剪下那朵玫瑰花，用一根黑色的丝线捆好，打包邮寄给了让他伤心的人。做完这一切，他感觉好多了，似乎失恋的痛苦也随着干花的寄出变淡了。

当自己从失落感中解脱出来，他发现这个世界上，为情痴迷、为爱受伤的人太多了，自己何不开设一家干玫瑰花店，专门出售、代寄枯萎的玫瑰？

于是，干玫瑰店开张了。枯萎的玫瑰花虽然售价不菲，但因具有奇妙的用途，所以自从开张之日起，店里每日顾客盈门。甚至有许多外地的顾客也打电话请店主代寄枯萎的玫瑰花给那些曾经伤害过他们的人。

而那些收到干玫瑰的人，多半会受到良心的谴责。寄玫瑰花的人心情得以释怀。顾客们不仅乐得掏钱，而且对店主心怀感激，大家都感觉这家花店开得好。

无论做事也好，做人也罢，我们必须付出热情，并执着前行。在知识不断爆炸的今天，在这个浑身大汗不如轻按电钮的时代，不忘苦干，但更要懂得智取。

一个人能否取得成就，关键取决于他是否能发挥智慧。智慧不是凭空降临的，它来自对生活、工作的细心观察和综合思考。这是一种非常普遍的能力，任何人只要多花一点心思，勤于思考，都能对工作与生活有所领悟。

2　博弈中的自然法则

　　自然界物竞天择，适者生存，而人类社会有竞争就有成王败寇的结果，这并不是人为制定的，而是规律使然。虽然人生来都是相同的，经过努力有的在竞争中脱颖而出，有的却成为败军之将。历史长河中那些纵横家的名字世代流传，他们的功过是与非，都留给后人评说，而在那个割据争霸的时代，再杰出的政治家都逃不过成败规则。

　　春秋战国战火纷争的年代，一代宗师鬼谷子有四个弟子：苏秦，张仪，孙膑，庞涓。苏秦，庞涓出身寒门，张仪比苏秦的身世好一点，出身最高贵的是孙膑，他们最后都成了的风云人物。

　　苏秦游说六国后，被封六国宰相。张仪两次担任秦相，巧言即获楚国六百里，且使秦国实现了最初的连横，为秦国统一天下奠定了基础。孙膑以一部《孙子兵法》，更是名扬天下。而庞涓则工于心计，陷害孙膑，但却是个怀才之人。可以说，他们就是古代的一群政治家，外交家。虽然他们专权弄术，但古代君子和小人的区别不在于计谋本身，而在于计谋的动机与目的。他们师从鬼谷子而"怀救天下于水火的"的决心，认为天下兴亡，匹夫有责。

从四人的历史功过是非而言,历史的兴衰、更替,都离不开政客的博弈。

自然的法则永远不会改变,弱肉强食的社会,我们需要一技之长才能在社会立足。各个行业都有成功人士,有无数的典范,这些便是我们临摹的范本。想要在一个竞争激烈的社会立足,并将事业做大做强,没有一点过人的本领是不行的。

捕捉先机

在阿里巴巴横空出世之前很少有人知道马云,他是1984年考上杭州师范大学外语系的,他的成绩离本科线还差5分。机会碰巧,本科没有招满,于是没到本科线的马云幸运地被本科班录取了。在大学时代,他已经露出了千里马的端倪,他当上了学校的学生会主席。毕业后马云教了几年英语就成立了海博翻译社,那时收入非常低,大家都不看好。但是马云觉得只要做下去,一定会有前景的。在他的坚持和努力下海博翻译社成了浙江省最大的翻译社。马云1994年涉及互联网,因为好奇,马云请别人给翻译社做了个网页,出乎意料的是在3个小时里竟然收到了4封邮件。敏锐的马云意识到:互联网必将改变世界!

于是马云开始做网站,他把国内企业的资料收集起来放到网上,向全世界发布。这时刚到30岁的马云放弃未来将在学校拥有的地位、优越待遇下海了。当时全球的发达国家的互联网也刚刚发展起来,而大部分中国人都对互联网非常陌生。有了这个好的开端,马云继而做了"中国黄页"。后来马云曾在国家经贸部的邀请下,建立了许多国家级站点。在记者采访他的时候他说:"在经贸部工作之前我只是杭州的一个小商人,是那段难得的工作经历让我了解到了国家未来的发展方向,从宏观上考虑问题,不做井底之蛙的。"

1999年马云开始了二次创业,他决定进入电子商务领域。1999年9月,马云的阿里巴巴网站横空出世,他立志要成为中小企业敲开财富之门的引路人。在电子商务这个领域里,马云充分展示了自己独特的视角和预见性。在阿里巴巴网站建立的当年,会员就达到了9万个,到2000年竟然达到50万个,即使到了2001年互联网的严冬时节,也持续增至百万会员,成为全世界第一家会员超过百万人的商务网站。而阿里巴巴也是成为最早宣布赢利的商务网站之一。在互联网的冲浪里,马云赢得了世界的认可,打开了财富之门。

人都有自己的特长,有的人有像马云一样有敏锐的眼光,像蔡康永一样口才好,有的人具备良好的服务意识,很适合做营销,有的人在官场上游刃有余。充分发挥自己的优势,是制胜的关键。我们具备的特长是我们最自信的部分,而在自己最自信的方面发展才容易获得成功。

打造核心竞争力,销售自己

虽然很多人都做着自己不喜欢的工作,也能够把自己不喜欢的工作做好。但是假设你做的是自己最喜欢的工作,又有足够的能力去做好,情况会有巨大的改变。我们不需要有多么大的野心,想着如何去改变世界,从改变自己做起,让自己变成强者,通过改变自己来改变生活。

在举世闻名的威斯特敏斯特大教堂的地下室里,有一片墓碑林,其中有一块墓碑名扬世界。那块墓碑并没有什么与众不同之处,仅仅是因为上面写着一段话：

当我年轻时，我的想象力从未受到过限制，我期待着自己能够改变这个世界。当我成熟起来，我发现我并不能改变这个世界，于是，我就把目光缩短了一些，决定只来改变这个国家。而当我进入老年，我发现我根本就不能改变这个国家，于是我最后的愿望立足在了改变家庭上。然后，我发现这也不太可能。当我病倒奄奄一息的时候，我突然警醒：假设从一开始，我就只想着如何改变自己，然后树立一个好的榜样，那样我可能就能改变我的家庭。而在家里人的帮助和鼓舞下，我可能能为自己的国家做一些贡献。而后有谁知道呢？或许我真的能够改变世界。

倒过来为什么会产生如此巨大的差别呢？人并非不能改变世界，而当自己做好了，就能做更多的事情，通过努力而非幻想，通过直接而非间接的办法，能达到更好的效果。

在竞争激烈的现代社会，我们要做的就是找到自己的核心竞争力，打磨好自己，把你的强项发展得更强，这样才能在成王败寇的世界立于不败之地。

想要给自己一个迥异的人生，在思想和心理上要有充分的准备。可以说在职场上，一个心理有充分准备的人，应对任何改变都会很从容。而对于创业者来说，我们将要面临的是无数的惊险，我们可以用成功者的思想来武装自己，用行动者的力量来充实自己，让自己成为真正的强者。

3　每天花三分钟来练习

　　任何技能的掌握都要经历一个从陌生到熟悉再到熟练的过程，外在的技术和内在的思维操控的训练有着巨大的差别。掌握外在技术大多只需要熟悉技术本身，而心理和思想的控制则受到许多客观因素、主观因素的影响，往往不同的人效果差异很大。可以说，通过时间和精力集中的训练，我们能够获得一些进步，而那些不愿意进行训练，对训练本身没有任何关注度的人，很难掌握这种技术，需要我们有一定的定力和毅力来完成。

　　著名的物理学家李政道博士年轻的时候，没有条件在安静的环境下学习，他只好在闹市里选择一家茶馆的角落，坐下来看书。但是茶馆人来人往非常嘈杂，每每使他感到不胜其烦。但是他总是迫使自己把所有精力集中在书本上，时间久了，不管茶馆有多热闹也不再能影响到他。

　　人都能够通过顽强的毅力克服一些外界恶劣因素的困扰，而我们要掌握思维的操控术，更需要顽强的毅力保证。每天至少花3分钟来进行练习，长此以往会有意想不到的收获。我们所说的顽强毅力并不是别的东西，而是耐力。耐心是一个人心理素质优劣、心理健康与否的衡量标准之一，也是人是否能取得成功的关键因素之一。柏拉图说，耐心是一切聪明才智的基础。爱因斯坦认为，耐心和恒心总会得到回报的。而培根更加强调了耐心，他说，无论何人，若是失去耐心，就是失去灵魂。耐心能让你充分发挥才智，成就大事业。我们不妨从每日3分钟的练习开始。

三分钟精髓——专注力训练

工作中难免有繁忙的时候，要每天在同一时间抽出3分钟来并不现实。我们可以把这个时间定在早晨上班前和下午下班后的3分钟，但是效果没有在工作中结合实际事例进行好。所以建议大家在每天会见第一位顾客的时候进行训练。

为了保证效果，在训练的前一天请罗列出你所见客户的信息，确定采取何种策略进行引导，制定2-3个可行的方案。开始的时候或许难以将如此大量的信息全部装进脑袋。化繁为简，尽量把它们归结成3条，在与顾客交谈的过程中，紧紧围绕着它们进行，假以时日，会收到意想不到的效果。

著名科学家牛顿的一生大多时间是在实验室里度过的，他每次做实验注意力都非常集中，有时一连几个星期都在实验室里，不分白天黑夜地做实验，直到完成为止。

有一次牛顿请一位朋友吃饭，那位朋友已经到了，而牛顿却还在实验室里。那位朋友等了很久，天黑时候牛顿还没有回来，他饿极了，就到餐厅里自己煮了东西吃。

牛顿做完实验回来后，看到碗里有一些鸡骨头，很惊奇地说："原来我已经吃过饭了。"然后就又回到了实验室。

我们看到其实牛顿的注意力依然在实验室，所以他根本没有留意吃饭这件事。这种高度集中的注意力使得牛顿在科学领域取得了巨大的成就。

专注力是成功必不可少的因素，像牛顿，爱因斯坦这样的大科学家都能如此专注地进行科学实验，为什么我们却很难对一件事保长久续的兴趣呢？

除了兴趣不够，耐力不佳以外，主要是心理因素。我国有句俗话说得好："心急吃不了热豆腐"。而在心理学层面上，耐心是意志的一个方面，简称耐力。它和主动性、自制力、心理承受力等有一定的关系。我们对这件事情的认识还没有上升到必须的层面。需求决定行动，是否要这样去做，是否愿意坚持，都靠我们自己去排除心理的干扰因素。

齐白石是中国近代享誉画坛的一代宗师，他不但擅长书画，在篆刻方面也有极高的造诣。齐老并非天生就具备这样的禀赋，他也是通过艰苦的磨练而有所成就的。

齐老年轻时就非常喜欢篆刻，但是他的篆刻技术并不高超，于是有一天他去向一位老篆刻艺术家求教。这位老人让齐白石去挑一担础石回家进行打磨，打磨后再进行篆刻，等那担础石都变成了泥浆，篆刻技术自然就有了功力。

齐白石居然照做了，他担来础石一边打磨一边篆刻，把篆刻好的艺术品和古代的进行对照，琢磨自己的得失。就这样日复一日地磨好了刻，刻完了再磨平，磨平了再篆刻。他的手上也不知道磨出多少血泡，础石渐渐变少了，齐白石的功力也逐渐增长，最后那一担础石真的被全部磨成了泥浆。

础石非常坚硬，日积月累地打磨篆刻，不但磨练了齐白石的意志力，也使他的篆刻技术在打磨中逐渐炉火纯青。

成功原本就是三分机会七分功力，待到功力足够自然就有了质的飞跃。这是耐力的训练，也是技能的训练，是通往成功之路必不可少的。

在开始训练前，可以按照自己的性格，习惯进行分析，是否有耐力坚持。如果你总是很难专心做事，总是容易被其他事情打断，那么建议你先进行三分钟耐力训练。

专注逆转全局

法国生物学家乔治·库维说过，天才就是不断地注意。抛开技能训练不谈，平时应该如何培养专注力呢？

法国著名作家巴尔扎克年轻时从事过多种行业，经营过出版业、印刷业等等。但是都因经营不善而倒闭。不但没有赚得法郎还背负了巨额的债务。催债的人常常午夜来敲巴尔扎克家的门。无奈之下，巴尔扎克只好过上了漂泊的生活，他居无定所，最后只好搬进到贫民区。他在那里隐姓埋名，深居简出，周围几乎没人注意到他。在贫民区的日子里，他逐渐平静下来，反思自己这些年的所作所为，发现自己总是今天想做这个，明天想做那个，始终没有把精力集中在自己喜欢的事情上。以前在忙碌之余巴尔扎克也很少创作，经过反思他终于顿悟，决定静下心来进行文学创作，巴尔扎克要用笔来征服世界。最后，他终于在文学上取得了巨大的成就。

一个今天想当银行家,明天又想做科学家的人,最后可能会一事无成。把目标锁定在一件事情上,假以时日,使它发生翻天覆地的变化。

4　管理层的必学绝技

初入职场的人都希望得到公司的培训，以获得工作的基本技能。而公司的管理层却想如何通过一系列的培训，将新人塑造成一个公司所需要的人才。公司企业文化的作用是什么？——给员工灌输新思想。

无论你带着何种心理，到一个地方时间久了，就会被同化。这种所谓习惯、习俗的渗透，也是思维操控的一种，只不过这和培训机制不同，不是人为制造出来的。很多公司愿意送员工出国深造，就是这个目的。耳濡目染，人的思想就会产生变化。我们常常称那些不愿意接受改变的人为"老顽固"，事实上，顽固的本身源于他们早期建立的观念的牢固性，或者源于这种观念本身对人的益处。

可怕之处是，人的改变并非由自己说了算，我们不能完全掌控自己的观念和心理。假如你不想接受思维操控，那么要建立完善的观念体系，最好是和自己的利益挂钩。同理，对员工进行思维操控，就要从灌输观念，改变员工心理下手。当那些"个性突出"的员工变得很顺从，我们会说他们"成长"得很快，其实是因为他们原有的心理体系不牢固造成的，任何人都有一定的可塑空间，如何让员工接受并改变意识，是我们不得不掌握的技能。

企业文化培训

公司从员工到经理人，都带着鲜明的公司文化特点。就像华为的竞争对手朗讯公司的王先生这样评价华为的培训：狼性培训。华为人的眼睛都是红色的，大概这是华为公司企业文化熏陶的结果。和其他跨国公司一样，华为更愿意接收应届毕业生。究其原因，主要是大学生初入社会，可塑性更强。在员工正式入职以前，都要参加公司为期20天的企业文化培训。

人事部门给每个员工建立了培训档案，公司会在不同阶段为员工组织不同的培训。培训档案中纪录的是员工参加培训的内容，考试成绩，培训指导老师的评语等等。员工正式入职以后，他们的上级主管会先打开员工的培训档案，察看员工的入职培训成绩。

华为通过一系列完整的培训，让员工了解公司。并会抽派生产、市场、管理一线的老员工与新入职的员工进行面对面地沟通。培训是采用案例教学，保证了课程的生动性，与工作不脱节。

入职培训时为了激励员工"士气"会组织大家进行大合唱，给人的感觉有点像在军训。曾经有报纸采访过员工对大合唱的看法，他们认为看上去挺傻的，但是在那个集体氛围中，人很容易沉浸进去，被氛围所感染。

华为还有自己的报纸《24小时》《管理优化报》《华为人报》《华为技术报》等等，报纸上华为的理念一次次被不同的人演绎和强化，怎么能不深入人心？

华为把培训和人才储备视为首要任务，耗资巨大的全套人力资源管理系统，大大提升了华为的效率，使得这种"狼性"的公司文化有了系统的支撑。

可以说一套完善的培训体系给一个员工带来的不仅仅是某个方面的改变，也可能是从思想到行为，甚至观念的改变。思维操控带来的效果如此惊人，有时是我们想不到的。

理念洗脑

LG公司近年的增长可谓突飞猛进，究其原因主要是LG将理念贯彻到底带来的。在了解他们的魔鬼培训后，对这种快速增长就不再有任何疑问了。

LG公司的新员工培训也独树一帜，培训开始后，他们穿着红色马褂，手拿着红旗，像红军一样进行20公里的拉练训练。一路走，一路喊着口号，待到拉练结束，这些口号已烂熟于心了。培训开始后，每天6:30起床做早操，然后是封闭式的授课，而课程会到晚上9：00才结束。封闭式授课期间，休息时间是非常短暂的，你只有时间去记录和接受，而几乎没有时间思考授课的内容。在授课过程中，为了让员工尽快相互熟悉，培训团队为员工设置了一个"破冰之旅"的游戏。游戏开始的时候，教官会发给每个员工一份表格，里面一共20个问题，都是针对这20个学员相关信息的表达。比如："谁最爱唱民族歌曲？"员工要做的就是尽快对号入座，找出所有对应的人，谁先完成谁就成为胜利者。这个意味深长的游戏，其实是在考验和增进员工的团队意识，这种培训的确具有不同于欧美跨国公司的特色。

和华为一样，LG每次进行新员工培训，都会唱一首歌《Global Top 3》，这首歌源自LG在2010年成为了电子通讯领域的前三名。大合唱放在晚上，员工们分成几组进行比赛，大家都会非常投入，感觉不像是在唱歌而是在积蓄力量。唱完歌以后依然情绪激昂的员工，都相信LG的口号不仅仅是梦想，而一定是能够实现的。

每期新员工培训结束后，他们都会将自己MSN的名字改成培训中的某个口号。有人发现，从这些名字基本能猜出员工来公司的年限，因为每个级别员工培训的口号是不同的。可想而知这种封闭式的培训在员工的思想上起到了什么样的作用。

为了员工兢兢业业地工作，为公司增强了竞争力，每个公司都会对员工进行各种形式的洗脑，虽然这些洗脑被美其名曰"培训"。但是无可厚非，员工都乐于接受培训。而如何通过洗脑提升公司整体的战斗力，是管理层必学的。

华为和LG的培训对员工的影响可见一斑，群体教育比单独进行思想开导的效果更好。建立完善的培训机制，增强员工团队的凝聚力，正是今天日益激烈的竞争所必须的。

5　转变成为互惠模式

战争要分出胜负，而成王败寇外，商业活动不是以打败对手为目的的。在某次竞争中的赢家，也可能是下一轮竞争的输家。在商业活动中，倡导在良性的竞争机制下发展。市场自然的竞争机制提倡优胜劣汰，但是在这个大环境下的竞赛者，更愿意采取双赢的模式。只要竞争存在，就没有永远的赢家。强强联合会使实力倍增，而一个竞争对手把另一个拉下马，仅仅是消灭了一个竞争对手，并没有在实质上真正得到加分。

当一位营销人员通过积极地努力，在沟通中掌握了思维操控术，能够利用合理的条件对顾客进行说服，从而达到合作的目的。欣喜之余，要反思一下成功的背后，是否做到对顾客利益的保护？假设只是得到了实惠，而未兼顾顾客的利益，那么这种行为并不是双赢。思维操控活动的进行倡导双赢，顾客得到了满足，我们实现了利润，我们最终的目的是要把这种合作发展成互惠的模式。

强强联合是双赢的最好选择

在企业通过合作联合推出品牌的例子中,英美烟草(香港)有限公司与芜湖卷烟厂的合作极具代表性。1990年4月,由安徽省烟草专卖局(公司)大力推荐,国家烟草专卖局(总公司)出面牵线搭桥,两个公司开始了合作。1991年,双方合作生产的"都宝"牌卷烟非常顺利地占领了首都市场,成为北京的畅销品牌,并远销内蒙古、河北等18个省市自治区。

一般来说,两家企业达成合作协议,推出共同拥有的新品牌,这就意味着,合作双方在很大程度上开始相互依赖。如果任何一方想回到原来独立经营的轨道上去,前提必然是牺牲自身的利益。英美烟草(香港)有限公司与芜湖卷烟厂合作的"都宝"就是这样,如果任何一方放弃合作,希望从对方身上榨取好处,整个合作的进程就会中断,会造成许多不必要的损失。

当今中国企业国际化的重要手段之一就是实行战略联盟。在各自为战的时期,企业想要提高自身的竞争力,必须通过不断进行内部挖掘来实现。然而,内部资源毕竟是有限的,企业竞争能力的提高被限定在企业自身的资源范围内。而在网络经济发展的时代,与以往相比,企业间的竞争发生了巨大的变化,企业可以通过战略联盟弥补在经营资源方面的劣势,竞争优势将更多地依赖于对投入要素的合理利用,而资源利用率的提高则源于企业间的信息共享和技术上的创新。

这里讲一下联合营销。很多品牌进行推广活动，像长丰猎豹进行摇滚乐的推广，与可口可乐借助麦克尔·杰克逊进行全球巡演一样，是一种简单借助媒介进行的传播活动。但是，不能把这样的活动全都列到联合营销的范围里。

奔驰和阿玛尼的合作，才是真正的联合营销的典型。

阿玛尼品牌代表欧洲豪华服装与时尚品牌，设计理念非常前卫。

而奔驰汽车CLK品牌想吸引那些富有创新精神并愿意尝试新事物的年轻人士。两个品牌整合在一起，至少可以获取两方面的好处：一是双方联合降低了成本，并延长了作为单一品牌的宣传时间。

可见，联合营销其实是相互借力，做了一个加法。大多企业会在品牌宣传中大做文章，因此耗资巨大，只要联合起来就可以大大降低消费。

联合营销使品牌相互借力。阿玛尼的消费者会将奔驰CLK看成是阿玛尼时尚精神的一种扩展。假设他非常热衷阿尼玛品牌，那么，他也会以这种心理对待奔驰CLK。这样CLK也得到了宣传和推广。奔驰CLK想吸引具有创新精神的人士，锁定他们为消费人群。通过阿玛尼的借力弥补了媒介传播上的不足，使自己的品牌得到了发展。

通过联合营销，双方都能弥补媒介传播上的不足，并最大程度地使自己的品牌得到发扬。

互利互惠原则

我们在思考互利互惠原则时，不能把它简单地理解成对顾客的让利或赠奖利诱。顾客追求的利益是多方面的，我们应当把互惠与顾客的多种需求结合考虑。善于照顾到顾客的核心利益，并加强与顾客沟通。

顾客追求的利益有物质的，也有精神上的，我们要在与顾客洽谈前考虑好能给顾客什么样的利益再去谈。

不同的商品给顾客带来的利益有差异。结合顾客不同的利益需求进行不同产品的推荐。一个优秀的销售人员，不仅看到当前的利益，更要关注长远利益。充分地展示商品和服务，使顾客能够认识到长久"合作"的利益，这是引导顾客购买的好办法。

双赢的意义

互惠互利原则对于顾客来说，无疑是交易的一种保障。顾客感觉到在交易中自己，不但得到了满意的商品，而且是在诚信的前提下进行交易，获得了尊重和优质的服务。

对于营销员而言，增强了信心。大多数刚从事营销的人员与顾客接触时都有点信心不足。担心顾客对服务不满意，担心顾客认为自己唯利是图等等。而互惠互利，会打消营销员的这种想法，倡导双赢，营销员完全不必将营销活动看作是只对卖方有利的活动。

可以说倡导双赢的前提下，营销员和顾客都能感到利益得到保护，营销活动中双赢模式自然地化解了双方的对立情绪。顾客是买家，在购买的过程中也能受益，这样购买便不完全是单方的活动。

对双方而言，双赢不但化解了双方可能存在的对立情绪，而且为合作建立了好的基础。

合作是我们营销活的目的，只有双方利益都得到保护的情况下，合作才得以长久。